edition suhrkamp

Redaktion: Günther Busch

Die Rezeption eines literarischen Werkes ist ein Bestandteil seiner Geschichte, seines Fortlebens in der Zeit. Der Band mit Materialien zu Brechts Stück *Leben des Galilei* ist unter diesem Gesichtspunkt zusammengestellt worden; er sammelt Kommentare, Analysen und Selbstauskünfte des Autors. Neben Äußerungen Brechts, darunter so wichtigen wie *Aufbau einer Rolle* und *Anmerkungen zu ›Leben des Galilei‹*, stehen Arbeiten von Kritikern und Wissenschaftlern, die das Theaterstück untersucht und seine Struktur und Dramaturgie beschrieben haben.

»Das *Leben des Galilei* wird vermutlich neben der *Heiligen Johanna der Schlachthöfe* und dem *Kaukasischen Kreidekreis* und einigen Stücken Lyrik Brechts größten Anspruch auf Unsterblichkeit begründen.« *W. E. Süskind*

Materialien zu Brechts ›Leben des Galilei‹

Suhrkamp Verlag

Zusammengestellt von Werner Hecht

edition suhrkamp 44
8. Auflage, 71.–80. Tausend 1972

Satz, in Linotype Garamond, Druck und Bindung bei Georg Wagner, Nördlingen. Gesamtausstattung Willy Fleckhaus.

Bertolt Brecht
Aufzeichnungen zu ›Leben des Galilei‹

Anmerkungen zu ›Leben des Galilei‹

VORWORT

Es ist bekannt, wie vorteilhaft die Überzeugung, an der Schwelle einer neuen Zeit zu stehen, die Menschen beeinflussen kann. Ihre Umgebung erscheint ihnen da als noch ganz unfertig, erfreulichster Verbesserungen fähig, voll von ungeahnten und geahnten Möglichkeiten, als fügsamer Rohstoff in ihrer Hand. Sie selbst kommen sich vor wie am Morgen, ausgeruht, kräftig, erfindungsreich. Bisheriger Glaube wird als Aberglaube behandelt, was gestern noch als selbstverständlich erschien, wird neuem Studium unterworfen. Wir sind beherrscht worden, sagen die Menschen, aber nun werden wir herrschen.
Keine andere Zeile eines Liedes begeisterte die Arbeiter um die Jahrhundertwende stärker als die Zeile »Mit uns zieht die neue Zeit«; die Alten und Jungen marschierten unter ihr, die Ärmsten und Ausgemergeltsten und die sich schon etwas von der Zivilisation erkämpft hatten; sie schienen sich alle jung. Unter dem Anstreicher wurde die unerhörte Verführungskraft dieser Worte ebenfalls erprobt, auch er verhieß eine neue Zeit. Die Worte zeigten da ihre Vagheit und Leere. Ihre Unbestimmtheit, die nun von den Verführern der Massen ausgenutzt wurde, hatte lange die Stärke ausgemacht. Die neue Zeit, das war etwas und ist etwas, was alles betrifft, nichts unverändert läßt, aber doch eben ihren Charakter erst entfalten wird, etwas, in dem alle Phantasie Raum hat, was durch allzu bestimmte Aussagen nur eingeschränkt werden kann. Geliebt wird das Anfangsgefühl, die Pioniersituation, begeisternd wirkt die Haltung des Beginners. Geliebt wird das Glücksgefühl derer, die eine neue Maschine ölen, bevor sie ihre Kraft zeigen soll, derer, die in eine alte Landkarte

einen weißen Fleck ausfüllen, derer, die den Grund eines neuen Hauses ausheben, ihres Hauses.
Dieses Gefühl kennt der Forscher, der eine Entdeckung macht, die alles verändern, der Redner, der eine Rede vorbereitet, die eine neue Situation schaffen wird. Furchtbar die Enttäuschung, wenn die Menschen erkennen oder zu erkennen glauben, daß sie einer Illusion zum Opfer gefallen sind, daß das Alte stärker ist als das Neue, daß die »Tatsachen« gegen sie und nicht für sie sind, daß ihre Zeit, die neue, noch nicht gekommen ist. Es ist dann nicht nur so schlecht wie vorher, sondern viel schlechter; denn sie haben allerhand geopfert für ihre Pläne, was ihnen jetzt fehlt, sie haben sich vorgewagt und werden jetzt überfallen, das Alte rächt sich an ihnen. Der Forscher oder Entdecker, ein unbekannter, aber auch unverfolgter Mann, bevor er seine Entdeckung veröffentlicht hat, ist nun, wo sie widerlegt oder diffamiert ist, ein Schwindler und Scharlatan, ach, allzu sehr bekannt, der Unterdrückte und Ausgebeutete nun, nachdem sein Aufstand niedergeschlagen wurde, ein Aufrührer, der besonderer Unterdrückung und Bestrafung unterzogen wird. Der Anstrengung folgt die Erschöpfung, der vielleicht übertriebenen Hoffnung die vielleicht übertriebene Hoffnungslosigkeit. Die nicht in Stumpfheit und Teilnahmslosigkeit zurückfallen, fallen in Schlimmeres; die die Aktivität für ihre Ideale nicht eingebüßt haben, verwenden sie nun gegen dieselben! Kein Reaktionär ist unerbittlicher als der gescheiterte Neuerer, kein Elefant ein grausamerer Feind der wilden Elefanten als der gezähmte Elefant.
Und doch mögen diese Enttäuschten immer noch in einer neuen Zeit, Zeit des großen Umsturzes, leben. Sie wissen nur nichts von neuen Zeiten.

In diesen Zeiten wird der Begriff des Neuen selber verfälscht. Das Alte und Uralte, neuerdings auf den Plan tretend, proklamiert sich als neu, oder es wird als neu verkündet, wenn das Alte oder Uralte auf eine neue Art durchgesetzt wird. Das wirklich Neue aber wird, da heute abgesetzt, als das Gestrige erklärt, zu einer flüchtigen Mode heruntergemacht, deren Zeit vorbei ist. Das Neue ist z. B. die Art, wie Kriege geführt werden, und alt soll sein eine Art der Wirtschaft, angedeutet, noch niemals ausgeführt, welche Kriege überflüssig machen will. Auf eine neue Art wird die Gesellschaftsordnung in Klassen befestigt, und alt soll sein, die Klassen beseitigen zu wollen. Die Hoffnungen der Menschen werden nicht etwa entmutigt in solchen Zeiten. Jedoch werden sie umgelenkt. Man hat gehofft, da würde einmal Brot sein zu essen. Nun darf man hoffen, da würden einmal Steine sein zu essen.

Inmitten der schnell wachsenden Finsternis über einer fiebernden Welt, umgeben von blutigen Taten und nicht weniger blutigen Gedanken, der zunehmenden Barbarei, die unhemmbar in den vielleicht größten und furchtbarsten Krieg aller Zeiten zu führen scheint, ist es schwer, eine Haltung einzunehmen, die sich für Leute an der Schwelle einer neuen und glücklichen Zeit schicken mag. Deutet nicht alles darauf hin, daß es Nacht wird, und nichts, daß eine neue Zeit beginnt? Soll man also nicht eine Haltung einnehmen, die sich für Leute schickt, die der Nacht entgegengehen?
Was ist das für ein Gerede: »Neue Zeit«? Ist nicht selbst dieser Ausdruck veraltet? Wo es uns entgegengerufen wird, wird es aus heiseren Kehlen gebrüllt. Es ist eben jetzt die Barbarei. die sich als die neue Zeit gebärdet. Sie sagt von sich, sie hoffe, 1000 Jahre zu dauern.
Soll man sich also an die alte Zeit halten? Soll man von dem versunkenen Atlantis reden?
Liege ich schon auf meinem Nachtlager und denke, an den Morgen denkend, an den, der vergangen ist, um nicht an den zu denken, der kommt? Beschäftige ich mich darum mit jener

Epoche der Blüte der Künste und Wissenschaften vor 300 Jahren? Ich hoffe nicht.
Die Bilder vom Morgen und von der Nacht sind irreführend. Die glücklichen Zeiten kommen nicht, wie der Morgen nach durchschlafener Nacht kommt.

1939

UNGESCHMINKTES BILD EINER NEUEN ZEIT

Vorrede zur amerikanischen Fassung

Als ich in den ersten Jahren des Exils in Dänemark das Stück »Leben des Galilei« schrieb, halfen mir bei der Rekonstruktion des ptolemäischen Weltbilds Assistenten Niels Bohrs, arbeitend an dem Problem der Zertrümmerung des Atoms. Meine Absicht war unter anderem, das ungeschminkte Bild einer neuen Zeit zu geben – ein anstrengendes Unternehmen, da jedermann ringsum überzeugt war, daß unserer eigenen alles zu einer neuen Zeit fehlte. Nichts an diesem Aspekt hatte sich geändert, als ich, Jahre danach, daran ging, zusammen mit Charles Laughton eine amerikanische Fassung des Stückes herzustellen. Das »atomarische Zeitalter« machte sein Debüt in Hiroshima in der Mitte unserer Arbeit. Von heute auf morgen las sich die Biographie des Begründers der neuen Physik anders. Der infernalische Effekt der Großen Bombe stellte den Konflikt des Galilei mit der Obrigkeit seiner Zeit in ein neues, schärferes Licht. Wir hatten nur wenige Änderungen zu machen, keine einzige in der Struktur. Schon im Original war die Kirche als weltliche Obrigkeit dargestellt, ihre Ideologie als im Grund austauschbar mit mancher anderen. Von Anfang an war als Schlüsselpunkt der riesigen Figur des Galilei dessen Vorstellung von einer volksverbundenen Wissenschaft benutzt. Für Jahrhunderte und ganz über Europa erwies ihm das Volk in der Galilei-Legende die Ehre, nicht an seinen Widerruf zu glauben, als es schon lange die Wissen-

Galileo Galilei 1564–1642

schaftler als einseitige, unpraktische und eunuchenhafte Käuze verlachte. [...][1]
1946

PREIS ODER VERDAMMUNG DES GALILEI?

Es wäre eine große Schwäche des Werkes, wenn die Physiker recht hätten, die mir – im Ton der Billigung – sagten, Galileis Widerruf seiner Lehre sei trotz einiger »Schwankungen« als vernünftig dargestellt mit der Begründung, dieser Widerruf habe ihm ermöglicht, seine wissenschaftlichen Arbeiten fortzuführen und der Nachwelt zu überliefern. In Wirklichkeit hat Galilei die Astronomie und die Physik bereichert, indem er diese Wissenschaften zugleich eines Großteils ihrer gesellschaftlichen Bedeutung beraubte. Mit ihrer Diskreditierung der Bibel und der Kirche standen sie eine Zeitlang auf der Barrikade für *allen* Fortschritt. Es ist wahr, der Umschwung vollzog sich trotzdem in den folgenden Jahrhunderten, und sie waren daran beteiligt, aber es war eben ein Umschwung anstatt einer Revolution, der Skandal artete sozusagen in einen Disput aus, unter Fachleuten. Die Kirche und mit ihr die gesamte Reaktion konnte einen geordneten Rückzug vollziehen und ihre Macht mehr oder weniger behaupten. Was diese Wissenschaften selber betrifft, erklommen sie nie mehr die damalige große Stellung in der Gesellschaft, kamen nie mehr in solche Nähe zum Volk.
Galileis Verbrechen kann als die »Erbsünde« der modernen Naturwissenschaften betrachtet werden. Aus der neuen Astronomie, die eine neue Klasse, das Bürgertum, zutiefst interessierte, da sie den revolutionären sozialen Strömungen der Zeit Vorschub leistete, machte er eine scharf begrenzte Spezialwissenschaft, die sich freilich gerade durch ihre »Rein-

1 [Eine hier gestrichene Aussage verwendete Brecht im Modellbuch; s. diesen Band, S. 48 f.]

heit«, d. h. ihre Indifferenz zu der Produktionsweise, verhältnismäßig ungestört entwickeln konnte.

Die Atombombe ist sowohl als technisches als auch soziales Phänomen das klassische Endprodukt seiner wissenschaftlichen Leistung und seines sozialen Versagens.

Der »Held« des Werks ist so nicht Galilei, sondern das Volk, wie Walter Benjamin gesagt hat. Es ist etwas zu knapp ausgedrückt, wie mir scheint. Ich hoffe, das Werk zeigt, wie die Gesellschaft von ihren Individuen erpreßt, was sie von ihnen braucht. Der Forschungstrieb, ein soziales Phänomen, kaum weniger lustvoll oder diktatorisch wie der Zeugungstrieb, dirigiert Galilei auf das so gefährliche Gebiet, treibt ihn in den peinvollen Konflikt mit seinen heftigen Wünschen nach anderen Vergnügungen. Er erhebt das Fernrohr zu den Gestirnen und liefert sich der Folter aus. Am Ende betreibt er seine Wissenschaft wie ein Laster, heimlich, wahrscheinlich mit Gewissensbissen. Angesichts einer solchen Lage kann man kaum darauf erpicht sein, Galilei entweder nur zu loben oder nur zu verdammen.

1947

»LEBEN DES GALILEI« IST KEINE TRAGÖDIE

Es wird sich so für die Theater die Frage erheben, ob sie »Leben des Galilei« als eine Tragödie oder als ein optimistisches Stück aufführen sollen. Sollen sie sich, was den Grundton betrifft, an die »Begrüßung der neuen Zeit« durch Galilei in der ersten Szene oder an gewisse Partien der vierzehnten Szene halten? Nach den herrschenden Regeln des Stückebaus muß der Schluß eines Stückes schwerer gewogen werden. Aber das Stück ist nicht nach diesen Regeln gebaut. Das Stück zeigt den Anbruch einer neuen Zeit und versucht, einige Vorurteile über den Anbruch einer neuen Zeit zu revidieren.

1939

Es ist für die Theater wichtig, zu wissen, daß dieses Stück einen großen Teil seiner Wirkung verlieren muß, wenn seine Aufführung hauptsächlich gegen die *katholische Kirche* gerichtet ist.
Von den auftretenden Personen tragen viele das Kleid der Kirche. Schauspieler, welche sie deshalb gehässig darstellen wollten, täten unrecht. Andrerseits hat natürlich auch die Kirche kein Recht, die menschlichen Schwächen ihrer Mitglieder überschminkt zu bekommen. Sie hat allzuoft diese Schwächen ermutigt und ihre Aufdeckung unterdrückt. Aber es handelt sich auch nicht darum in diesem Stück, daß der Kirche zugerufen werden soll: »Hände weg von der Wissenschaft!« Die moderne Wissenschaft ist eine legitime Tochter der Kirche, sie hat sich emanzipiert und gegen ihre Mutter gewandt.
In dem vorliegenden Stück fungiert die Kirche, auch wo sie der freien Forschung entgegentritt, einfach als Obrigkeit.
Da die Wissenschaft ein Zweig der Theologie war, ist sie geistliche Obrigkeit, letzte wissenschaftliche Instanz. Aber sie ist auch weltliche Obrigkeit, letzte politische Instanz. Das Stück zeigt den vorläufigen Sieg der Obrigkeit, nicht den der Geistlichkeit. Es entspricht der historischen Wahrheit, wenn der Galilei des Stückes sich niemals direkt gegen die Kirche wendet. Es gibt keinen Satz Galileis in dieser Richtung. Hätte es einen gegeben, so hätte eine so gründliche Untersuchungskommission wie die Inquisition ihn zweifellos zutage gefördert. Und es entspricht ebenfalls der historischen Wahrheit, daß der größte Astronom des päpstlichen römischen Kollegs, Christopher Clavius, Galileis Entdeckungen bestätigte (6. Szene). Ebenso stimmt es, daß unter seinen Schülern Geistliche waren (8., 9. und 13. Szene).
Die weltlichen Interessen hoher Würdenträger satirisch aufs Korn zu nehmen, scheint mir billig (es wäre in der 7. Szene

möglich). Aber die beiläufige Art, in der diese hohen Beamten den Forscher behandeln, soll hier nur zeigen, daß sie auf Grund ihrer bisherigen Erfahrungen mit einer schnellen Willfährigkeit auch Galileis rechnen zu können glauben. Sie täuschen sich nicht.

An unsere bürgerlichen Politiker denkend, müßte man die geistlichen (und wissenschaftlichen) Interessen dieser damaligen Politiker rühmen.

Das Stück verzichtet denn auch darauf, die von der neueren Geschichtswissenschaft unter Führung des deutschen Gelehrten Emil Wohlwill festgestellten Fälschungen in dem Protokoll von 1616 durch die Inquisitionsbehörde von 1633 zu berücksichtigen. Der Urteilsspruch von 1633 wurde zweifellos durch sie juristisch ermöglicht. Wer den oben skizzierten Standpunkt versteht, wird begreifen, daß es dem Verfasser auf diese juristische Seite des Prozesses nicht ankam.

Es besteht kein Zweifel darüber, daß Urban der Achte dem Galilei gegenüber persönlich verärgert war und in gehässigster Weise die Aktion gegen ihn zu seiner eigenen Sache gemacht hat. Das Stück geht daran vorüber.

Wer den Standpunkt des Verfassers versteht, wird begreifen, daß diese Haltung keine Verbeugung vor der Kirche des 17. oder gar des 20. Jahrhunderts bedeutet.

Die Behandlung der Kirche als Obrigkeit verhilft der Kirche in dem theatralischen Prozeß, den das Stück der Verfolgung der Verfechter der freien Forschung macht, allerdings zu keinem Freispruch. Es wäre nur höchst bedenklich, gerade heute eine Angelegenheit wie die des Kampfes Galileis um die Freiheit der Forschung zu einer religiösen zu stempeln. Dadurch würde das Augenmerk in unglücklichster Weise von heutigen reaktionären Obrigkeiten ganz und gar unkirchlicher Art abgelenkt.

1939

Entwürfe für ein Vorwort zu ›Leben des Galilei‹

Das »Leben des Galilei« wurde in jenen finsteren letzten Monaten des Jahres 1938 geschrieben, als viele den Vormarsch des Faschismus für unaufhaltsam und den endgültigen Zusammenbruch der westlichen Zivilisation für gekommen hielten. In der Tat stand die große Epoche vor dem Abschluß, die der Welt den Aufschwung der Naturwissenschaften und die neuen Künste der Musik und des Theaters gebracht hatte. Die Erwartung einer barbarischen und »geschichtslosen« Epoche war beinahe allgemein. Nur wenige sahen die neuen Kräfte sich bilden und spürten die Vitalität der neuen Ideen. Selbst die Bedeutung der Begriffe »alt« und »neu« war verdunkelt. Die Lehren der sozialistischen Klassiker hatten den Reiz des Neuen eingebüßt und schienen einer abgelebten Zeit anzugehören.

Die Bourgeoisie isoliert im Bewußtsein des Wissenschaftlers die Wissenschaft, stellt sie als autarke Insel hin, um sie praktisch mit *ihrer* Politik, *ihrer* Wirtschaft, *ihrer* Ideologie verflechten zu können. Das Ziel des Forschers ist »reine« Forschung, das Produkt der Forschung ist weniger rein. Die Formel $E = mc^2$ ist ewig gedacht, an nichts gebunden. So können andere die Bindungen vornehmen: die Stadt Hiroshima ist plötzlich sehr kurzlebig geworden. Die Wissenschaftler nehmen für sich in Anspruch die Unverantwortlichkeit der Maschinen.

Denken wir zurück an den Erzvater der experimentellen Naturwissenschaften, Francis Bacon, der seinen Satz, man solle der Natur gehorchen, um ihr zu befehlen, nicht umsonst

schrieb. Seine Zeitgenossen gehorchten seiner Natur, indem sie ihm Geld zusteckten, und so konnten sie ihm, dem obersten Richter, so viel befehlen, daß das Parlament ihn am Ende einsperren mußte. Macaulay, der Puritaner, trennte Bacon, den Politiker, den er mißbilligte, von Bacon, dem Wissenschaftler, den er bewunderte. Sollen wir das mit den deutschen Ärzten der Nazizeit auch tun?
Unter anderem fördert der Krieg die Wissenschaften. Welch eine Gelegenheit! Sie macht Entdecker, nicht nur Diebe. Die höhere Verantwortung (die der Höheren) ersetzt die niedere (die für die Niedern). Der Gehorsam entbindet die Willkür. Alles in Ordnung mit der Unordnung. Die Ärzte, die das gelbe Fieber bekämpften, mußten noch an sich selber experimentieren; die faschistischen Ärzte bekamen Material geliefert. Die Gerechtigkeit mischte sich auch da ein: Sie brauchten nur »Verbrecher«, d. h. Andersdenkende, zu vereisen. Für die Enteisungsexperimente vermittels »animalischer« Wärme bekamen sie Prostituierte, Weiber, die sich gegen das Gebot der Keuschheit vergangen hatten. Diese hatten dem Laster gedient, nun durften sie der Wissenschaft dienen. Übrigens stellte es sich heraus, daß heißes Wasser mehr belebt als ein Frauenkörper, es kann mehr tun für das Vaterland, an seinem kleinen Platz. (Im Krieg müssen wir nie die Ethik vergessen.) Fortschritte ringsum. Im Anfang des Jahrhunderts waren die Politiker des niederen Volkes gezwungen, als ihre Universitäten die Gefängnisse anzusehen. Nun wurden Gefängnisse Universitäten für die Wärter (und Ärzte). Naturlich wäre, auch wenn der Staat nicht in der Lage gewesen wäre, innerhalb der ethischen Grenzen zu bleiben, mit den Experimenten alles in Ordnung gewesen, nämlich »vom wissenschaftlichen Standpunkt aus.« Trotzdem hat die bürgerliche Welt immer noch einiges Recht, empört zu sein. Auch wenn es sich nur um Grade handelt, handelt es sich um Grade. In dem Prozeß gegen die Generäle von Mackensen und Mältzer in Rom, behandelnd die Er-

schießung von Geiseln, gab der englische Vertreter der Anklage, ein Colonel Halse, zu, daß »reprisal killings« im Kriege nicht ungesetzlich seien, wenn die Opfer vom Schauplatz des Vorfalls genommen werden, die Hinrichtungen nicht zu zahlreich sind und wenn ein Versuch gemacht wird, die Personen ausfindig zu machen, die für die Vorfälle verantwortlich waren. Die deutschen Generäle taten jedoch des Schlechten zuviel. Sie nahmen je zehn Italiener für jeden getöteten deutschen Soldaten (übrigens nicht zwanzig, wie Hitler verlangt hatte) und machten alles zu schnell ab, in ungefähr 24 Stunden. Die italienische Polizei lieferte einige Italiener zuviel, aus Versehen, und aus Versehen erschossen die Deutschen sie mit, sich zu sehr auf die Italiener verlassend. Aber auch hier hatte man die Gefängnisse um Geiseln geplündert, und Sträflinge oder Verdächtige, die auf ihren Prozeß warteten, genommen und die Lücken mit Juden aufgefüllt. Eine gewisse Menschlichkeit kam so nicht nur in dem numerischen Irrtum zur Entfaltung. Trotzdem wurden hier Grenzen überschritten, und die Überschreitung wurde geahndet.

Immerhan kann in dieser Zeit der tiefsten Verlumptheit der Bourgeoisie gezeigt werden, daß die Lumpen aus dem gleichen Stoff sind, wie die einst sauberen Gewänder waren.

So bekommen die Wissenschaftler endlich, was sie brauchen: die Staatsmittel, die Planung im großen, das Kommando über die Industrie; so kommt ihr Goldenes Zeitalter. Und ihre große Produktion beginnt als eine Produktion von Zerstörungsmitteln, ihre Planung führt zur äußersten Anarchie, denn sie bewaffnen den Staat gegen andere Staaten. Die Verachtung, vom Volk dem weltfremden Professor gezollt, kehrt sich in nackte Furcht, jetzt, wo er die Welt so sehr bedroht. Und im Augenblick, wo er als der absolute Spezialist sich vom Volk ganz und gar getrennt hat, sieht er sich, entsetzt, wieder als einen vom Volk, denn die Bedrohung gilt auch ihm selber; er hat zu fürchten für sein eigenes Leben, und er weiß am besten von allen, wie sehr. Seine Proteste, deren wir nicht wenige gehört haben, wenden sich nicht nur gegen die Anschläge auf seine Wissenschaft, die aufgehalten, sterilisiert, mißleitet werden soll, sondern auch gegen die Bedrohung der Welt durch sein Wissen und gegen die eigene Bedrohung.

Eben nun hatten die Deutschen eines dieser Erlebnisse, die nur sehr schwer in verwertbare Erkenntnisse umzusetzen sind. Die Führung des Staates war einem unwissenden Menschen zugefallen, der zusammen mit einer Bande gewalttätiger und »ungebildeter« Politiker einen ungeheuren Krieg anzettelte und das Land vollständig ruinierte. Kurz vor der Katastrophe und für eine geraume Zeit nach ihr wurde die Schuld diesen Leuten aufgebürdet. Sie hatten eine beinahe totale Mobilmachung der Intelligenz durchgeführt, d. h. alle Fachgebiete mit geschulten Kräften versehen, und wenn sie auch hier und da tölpelhaft eingriffen, ist es doch nicht möglich, dieses tölpelhafte Eingreifen allein für die Katastrophe verantwortlich zu machen. Nicht einmal die politische und militärische Strategie scheint schlechthin falsch gewesen zu sein, und die Tapferkeit des Heeres und der Zivilbevölkerung ist unbezweifelbar. Am Ende siegte die Übermacht der Feinde an Menschen und Technik, ins Spiel gebracht durch eine Reihe schwer vorauszusagender Vorkommnisse.

Viele, welche die Unzulänglichkeiten des Kapitalismus sehen oder zumindest ahnen, sind bereit, sie zu dulden der persönlichen Freiheit wegen, die er ihnen zu bieten scheint. Sie glauben an diese Freiheit hauptsächlich deswegen, weil sie kaum je Gebrauch von ihr machen. Unter der Hitlerfuchtel sahen sie diese Freiheit allerdings mehr oder minder kassiert; sie war vergleichbar einem kleinen Kapital auf der Sparkasse, das in normalen Zeiten jederzeit greifbar, freilich besser nicht anzugreifen war, jetzt sozusagen eingefroren, d. h. zwar nicht mehr greifbar, aber doch noch vorhanden war. Sie betrachteten die Hitlerzeit als anormal; es handelte sich da für sie um Auswüchse des Kapitalismus oder gar um eine antikapitalistische Bewegung. Um das letztere zu glauben, mußte man allerdings die Definition benutzen, welche die Nationalsozialisten dem Kapitalismus gaben, und was die Theorie der Auswüchse betrifft, hatte man immerhin im Kapitalismus ein System vor sich, das Auswüchse hervorbrachte, die sicherlich nicht von den Intellektuellen verhindert oder zum Verschwinden gebracht werden konnten. In jedem Fall konnte nur die Katastrophe die Freiheit wiederherstellen. Als die Katastrophe eintrat, stellte sie, nicht einmal sie, die Freiheit nicht wieder her.

Unter den so mannigfachen Beschreibungen des Elends, das in dem enthitlerten Deutschland herrschte, war auch die des geistigen Elends. »Was sie brauchen, worauf sie warten, ist eine Botschaft«, hieß es. »Haben sie nicht eine gehabt?« sagte ich. »Sieh das Elend«, hieß es, »und da ist keine Führung«. »Haben sie nicht genug Führung gehabt?« sagte ich und wies auf das Elend. »Aber sie brauchen eine Aussicht«, hieß es. »Sind sie nicht dieser Aussichten satt?« sagte ich. »Ich höre, sie lebten lang genug von der Aussicht, daß sie ihren Führer loswürden oder daß er ihnen die Welt zum Ausrauben vor die Füße legte.«

Eben die Zeit, wo man am schwersten ohne Wissen auskommt, ist die Zeit, wo es am schwersten zu beschaffen ist. Es ist der Zustand des untersten Elends, wo es scheint, daß man ohne Wissen auskommt. Nichts mehr ist kalkulierbar, die Maßstäbe sind mitverbrannt, die nahen Ziel verdecken die fernen; da entscheidet das Glück.

Über die Physiker

VERHALTEN DER PHYSIKER

Man macht viel her von dem kühnen Denken der Physiker. Es heißt, sie hätten die ältesten Denkgewohnheiten aufgegeben. Seien nur halbwegs genügend Gründe vorhanden, so zögerten sie nicht, die Söhne für ihre eigenen Eltern zu erklären, oder andere nicht weniger erstaunliche und kühne Dinge. Es wird versichert, sie täten dies übrigens nicht aus Übermut oder weil ihnen die alten Behauptungen nachgerade zu langweilig geworden wären, denn ihre Wissenschaft ist eine der allerältesten. Ihre *Berechnungen* sollen sie zum Verlassen so alter Gemeinplätze gezwungen haben. Ich gestehe, dies kommt mir nicht so überraschend wie ihnen selber. Ich überdenke, wie viele ganz und gar gesicherte Meinungen und Ideale die Bourgeoisie schon aufgegeben hat und auch nicht aus Übermut, sondern nur von Berechnungen gezwungen. Zahlen sprechen eben eine gewichtige Sprache. Selbstverständlich bin ich weit davon entfernt, die Resultate der Berechnungen zu bezweifeln, ihren fortschrittlichen Charakter zu leugnen; das gestatte ich mir nicht einmal mit solchen Resultaten von Berechnungen, welche man die Zerrüttung der bürgerlichen Familie oder die Unsicherheit des Besitzes oder die Zerstörung der bürgerlichen Persönlichkeit nennt. Das sind alles Fortschritte, wie immer sie erzielt wurden und zu welchem Zweck immer. Was mich lachen macht, ist die Art, wie diese Leute ihre Resultate verallgemeinern oder – wie sie sie nicht verallgemeinern. Es ist lustig, zu sehen, wie sie einerseits die Philosophen auffordern, Konsequenzen daraus zu ziehen, daß bei ihnen, in der Atomphysik, die Kausalität aussetzt, und wie sie andrerseits versichern, sowas komme eben nur bei ihnen, nur in der Atomphysik, vor und gelte keineswegs

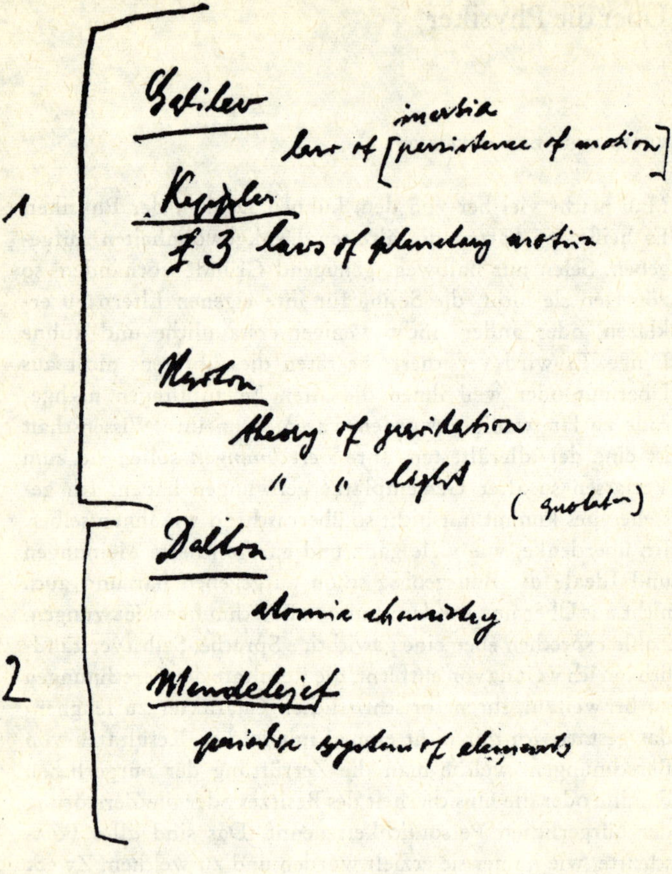

Galileo

inertia
law of [persistence of motion]

1 Keppler

3 laws of planetary motion

Newton

theory of gravitation

" " light

(quotation)

Dalton

atomic chemistry

2 Mendelejef

periodic system of elements

Handschriftliche Notierungen Brechts über berühmte Physiker

3

Curie

Radium

Planck

$h \cdot \nu = E$

(h x frequency = energy)

Einstein $E = m \cdot c^2$

(energy = mass x square of velocity of light)

Rutherford

Planetary model of the Atom

Bohr

Quantum model of the Atom

4

Meitner

Uranium Fission

für das Abbraten von Rumpsteaks von seiten normaler Kleinbürger.

[BEDROHUNG DER MENSCHHEIT DURCH ERFINDUNGEN UND ENTDECKUNGEN][1]

Der heutige Mensch weiß wenig über die Gesetzlichkeiten, die sein Leben beherrschen. Er reagiert als gesellschaftliches Wesen meist gefühlsmäßig, aber diese gefühlsmäßige Reaktion ist verschwommen, unscharf, uneffektiv. Die Quellen seiner Gefühle und Leidenschaften sind ebenso verschlammt und verunreinigt wie die Quellen seiner Erkenntnisse. Der heutige Mensch, lebend in einer sich rapid ändernden Welt und sich selber rapid ändernd, hat kein Bild dieser Welt, das stimmt und auf Grund dessen er mit Aussicht auf Erfolg handeln könnte. Seine Vorstellungen vom Zusammenleben der Menschen sind schief, ungenau und widersprechend, sein Bild ist, was man unpraktikabel nennen könnte, d. h. mit seinem Bild von der Welt, der Menschenwelt, vor Augen kann der Mensch diese Welt nicht beherrschen. Er weiß nicht, wovon er abhängt, er kennt nicht den Griff in die soziale Maschinerie, der nötig ist, der den gewünschten Effekt hervorbringt. Die Kenntnis der Natur der Dinge, so sehr und so ingeniös vertieft und erweitert, ist ohne die Kenntnis der Natur des Menschen, der menschlichen Gesellschaft in ihrer Gesamtheit nicht imstande, die Beherrschung der Natur zu einer Quelle des Glücks für die Menschheit zu machen. Weit eher wird sie zu einer Quelle des Unglücks. So kommt es, daß die großen Erfindungen und Entdeckungen nur eine immer schrecklichere Bedrohung der Menschheit geworden sind, so daß heute beinahe jede neue Erfindung nur mit einem

1 Die in eckige Klammern gesetzten Überschriften stammen nicht von Brecht, sondern sind nachträglich vom Herausgeber hinzugefügt.

Triumphschrei empfangen wird, der in einen Angstschrei übergeht.

Vor dem Krieg erlebte ich vor dem Radioapparat eine wahrhaft historische Szene: das Institut des Physikers Niels Bohr in Kopenhagen wurde interviewt über eine umwälzende Entdeckung auf dem Gebiet der Atomzertrümmerung. Die Physiker berichteten, daß eine neue, ungeheure Kraftquelle entdeckt sei. Als der Interviewer fragte, ob eine praktische Ausnutzung der Versuche schon möglich sei, bekam er die Antwort: Nein, noch nicht. Im Tone der größten Erleichterung sagte der Interviewer: Gott sei Dank! Ich glaube wirklich, daß die Menschheit für die Übernahme einer solchen Kraftquelle noch absolut nicht reif ist! Es war klar, daß er sofort nur an die Kriegsindustrie gedacht hatte. Der Physiker Albert Einstein geht nicht ganz soweit, aber er geht immerhin weit genug, wenn er in ein paar wenigen Sätzen, die bei der Weltausstellung in New York in einer Kapsel eingegraben werden sollen, als einen Bericht an künftige Geschlechter über unsere Zeit, folgendes schreibt: »Unsere Zeit ist reich an erfinderischen Geistern, deren Erfindungen unser Leben beträchtlich erleichtern könnten. Wir überqueren vermittels maschineller Kraft die Meere und benutzen auch maschinelle Kraft, um die Menschheit von aller ermüdenden Muskelarbeit zu befreien. Wir haben fliegen gelernt und sind fähig, Mitteilungen und Neuigkeiten durch elektrische Wellen über die ganze Welt zu verbreiten. Die Produktion und Verteilung der Waren ist jedoch ganz und gar nicht organisiert, so daß jedermann in Furcht leben muß, aus dem ökonomischen Kreislauf ausgeschieden zu werden. Außerdem morden die Menschen, die in verschiedenen Ländern leben, einander in unregelmäßigen zeitlichen Abständen, so daß jeder, der über die Zukunft nachdenkt, in Furcht leben muß. Dies kommt von der Tatsache, daß Intelligenz und Charakter der Massen unvergleichlich niedriger sind als Intelligenz und Charakter der wenigen, die für die Gemeinschaft Wertvolles hervorbringen.«

Einstein begründet also das Faktum, daß die Beherrschung der Natur, in der wir es soweit gebracht haben, so wenig zu einem glücklichen Leben der Menschen beiträgt, damit, daß es den Menschen im allgemeinen an Belehrungen mangelt, wie sie die Entdeckungen und Erfindungen nützlich verwenden können.[1] Sie wissen zu wenig über ihre eigene Natur. Daß die Menschen so wenig über sich selber wissen, ist schuld daran, daß ihr Wissen über die Natur ihnen so wenig hilft. In der Tat, die ungeheuerliche Unterdrückung und Ausbeutung, von Menschen durch Menschen, die kriegerischen Schlächtereien und friedlichen Entwürdigungen aller Art über den ganzen Planeten hin haben zwar schon beinahe etwas Natürliches bekommen, aber diesen natürlichen Erscheinungen gegenüber ist der Mensch leider keineswegs so erfinderisch und tüchtig wie gegenüber anderen natürlichen Erscheinungen. Die großen Kriege z. B. scheinen Unzähligen wie Erdbeben, also wie Naturgewalten, aber während sie mit den Erdbeben schon fertig werden, werden sie mit sich selber nicht fertig. Es ist klar, wieviel gewonnen wäre, wenn z. B. das Theater, wenn überhaupt die Kunst, imstande wäre, ein praktikables Weltbild zu geben. Eine Kunst, die das könnte, würde in die gesellschaftliche Entwicklung tief eingreifen können, sie würde nicht nur mehr oder weniger dumpfe Impulse verleihen, sondern dem fühlenden und denkenden Menschen die Welt, die Menschenwelt, für seine Praxis ausliefern.

Mai 1939

1 Wir brauchen hier nicht in eine sorgfältige Kritik des technokratischen Standpunkts des großen Gelehrten einzutreten. Natürlich wird das für die Gemeinschaft Nützliche durchaus von den Massen hervorgebracht, und die wenigen erfinderischen Geister sind sehr hilflos gegenüber dem ökonomischen Kreislauf der Waren. Es genügt uns hier, daß Einstein das Nichtwissen um gesellschaftliche Belange konstatiert, direkt und indirekt.

Über Galileo Galilei

[DER NEUE PHYSIKERTYP]

Lieber T.,
... Wichtig, daß Du den Galilei nicht idealisierst (Du weißt, Sterngucker, bleicher, vergeistigter Idealistentyp!). Natürlich neigst Du gar nicht dazu, aber die Bilder, die Du in den Büchern sehen wirst, sind schon idealisiert. Bei mir ist es ein kräftiger Physiker mit embonpoint, Sokrates-Gesicht, ein lärmender, vollsaftiger Mann mit Humor, der neue Physikertyp, irdisch, ein großer Lehrer. Lieblingshaltung: Bauch vorgestreckt, beide Hände auf den beiden Arschbacken, Kopf zurück, mit der einen, fleischigen Hand dann immer gestikulierend, aber knapp, Kostüm nicht das Parade-Kostüm (außer bei Repräsentation), bequeme Hose bei der Arbeit, Hemdärmel, oder (besonders am Schluß) lange weißgelbe Kutte mit weiten Ärmeln, über dem Bauch mit einem Strick gegürtet. Du verstehst, diese Figur dann möglichst in einer Radierung oder einer Art Stahlstich oder eine Art Holzschnitt, so daß das Historische gewahrt ist, eben realistisch. Aber es können auch Tintenzeichnungen sein, die frei auf der Seite stehen. Hab aber keine Angst vor Humoristischem. Historie ohne Humor ist abscheulich ...
NB. Das Fernrohr des Galilei war meines Wissens ungefähr 3/4 Meter lang und armdick. Du kannst es auf ein einfaches Stativ setzen. – Das Modell des ptolemäischen Systems (in Szene 1) ist aus Holz, Durchmesser ein halber Meter. Im Planetarium kann der Kustos Dir wahrscheinlich ungefähr eine Vorstellung geben.
1941

DAS SINNLICHE IN GALILEI

Galilei ist natürlich kein Falstaff: als überzeugter Materialist besteht er auf physischen Freuden. Bei der Arbeit würde er zwar nicht trinken; wichtig ist, daß er auf sinnliche Weise *arbeitet*. Es bereitet ihm Genuß, seine Instrumente mit Eleganz zu handhaben. Ein großer Teil seiner Sinnlichkeit ist geistiger Natur. Da gibt es das »schöne Experiment«, die kleine theatralische Darbietung, zu der er jede Lektion gestaltet; die häufig rohe Art, wie er einen Menschen mit der Wahrheit konfrontiert; dann gibt es in seinen Reden Stellen (in 1, 7, 13), wo er gute Wörter auswählt und sie abschmeckt wie Gewürze. (Das hat nichts zu tun mit dem »Gesang« des Schauspielers, der vielleicht mit Genuß seine Arien hinlegt, aber den Genuß der Person, die er darstellt, nicht zeigt.)

ÜBER DIE ROLLE DES GALILEI

Die Fremdheit, Neuartigkeit, Auffälligkeit dieser neuen Figur in der Geschichte wird dadurch zustande gebracht, daß er selber, Galilei, auf seine Umwelt von 1600 wie ein Fremder blickt. Er studiert diese Welt: sie ist merkwürdig, veraltet, sie ist der Erklärung bedürftig. Er studiert:
in 1) Ludovico Marsili und Priuli;
in 2) die Art, wie die Senatoren durch das Fernrohr schauen (Wann kann ich eines dieser Dinger kaufen?);
in 3) Sagredo (der Prinz ist ein Kind von neun Jahren);
in 4) die Hofgelehrten;
in 5) die Mönche;
in 7) den jungen Mönch;
in 8) Federzoni und Ludovico;
in [11] (eine Sekunde lang) Virginia;
in [13] seine Schüler;
in [14] Andrea und Virginia.

Bemerkungen zu einzelnen Szenen

[FABEL DER ERSTEN DREI SZENEN]

Erstes Kapitel

1. Galilei beobachtet die Beklemmung, mit der der Sohn seiner Haushälterin das uralte Weltsystem des Ptolemäus betrachtet. In diesem Modell ist die Erde von »kristallenen Sphärenschalen« eingekapselt, und das Kind nennt es einen »Käfig«.
2. Der kleine Andrea reibt Galilei den Rücken trocken. Dafür wird er mit einer Schilderung des neuen kopernikanischen Weltmodells erfreut, in dem die Sonne stillsteht, die Erde sich aber in großer Bewegung befindet.
3. In kümmerlichen Verhältnissen lebend, muß der große Physiker anstelle begabter, aber armer Schüler dumme wohlhabende unterrichten.
4. Galilei bietet dem Schatzmeister der Universität einen wissenschaftlichen Traktat an. Dieser belehrt ihn, daß die Behörden der Republik Geld nur für kommerzielle Erfindungen auswerfen. Der große Gelehrte braucht jedoch Muße, um Beweise für das noch unbewiesene Weltmodell der neuen Astronomen beischaffen zu können.
5. Galilei hat von einem leicht verkäuflichen Spielzeug gehört, das in Holland konstruiert wurde, einem Fernrohr. Er vertröstet den Gerichtsvollzieher mit den finanziellen Versprechungen, welche die Universitätsbehörden ihm für eine kommerzielle Erfindung gemacht haben.

Zweites Kapitel

1. Im Großen Arsenal von Venedig überreicht Galilei dem Rat ein neues Instrument, das Fernrohr, für kommerzielle Verwertung. Unberechtigterweise gibt er es als seine eigene Erfindung aus.

2. Während einer Zeremonie, in welcher der Rat von Venedig das Fernrohr seiner kommerziellen und militärischen Bedeutung wegen begrüßt, gesteht Galilei einem befreundeten Wissenschaftler, daß er das neue Instrument einem anderen Zweck zugeführt hat: er verkündet astronomische Entdeckungen.

Drittes Kapitel

1. Die Hafenbehörden von Venedig stellen fest, daß ein holländisches Kauffahrteischiff Kisten von Fernrohren auslädt.

2. Der Schatzmeister der Universität unterbricht eine wichtige Sternbeobachtung, um dem Wissenschaftler zu eröffnen, daß die Behörden seine Moral beklagen. Galilei entschuldigt sich damit, daß er für seine wissenschaftliche Arbeit Geld benötigt.

3. Galilei zieht revolutionäre weltanschauliche Folgerungen aus den bislang unbekannten Bahnen von vier Monden des Planeten Jupiter. Ein befreundeter Wissenschaftler beklagt die Entdeckung, weil die Verkünder neuer Wahrheiten oft der Verfolgung ausgesetzt sind.

4. Galilei äußert seinen festen Glauben an die Macht des Beweises.

5. Galilei verspricht seiner Tochter ein komfortableres Leben am Hof von Florenz, wo er um die Stellung eines großherzoglichen Mathematikers nachgesucht hat. Seine Freunde warnen ihn, die Republik zu verlassen und an einen Hof unter dem Einfluß des Klerus zu gehen, wo die Wissenschaft unter der Theologie rangiert.

[ZUR 1. SZENE]

In der ersten Szene entwickelt Galilei Gedanken über eine neue Zeit. Im alten Theater ermöglichte der Stückschreiber dem Schauspieler die realistische Darstellung von Monologen dadurch, daß er ihm dafür bestimmte Handlungen oder eine bestimmte Situation, die die Handlung ermöglichte, gab. Selbst ein großer Schauspieler ist nicht in der Lage, das Verfahren des neuen Stückschreibers zu erkennen. Er wird nach vier Sätzen, bei denen ihm der Rücken gerieben wird, ungeduldig und verlangt andere Tätigkeiten, etwa Schuheanziehen. Er setzt die neuen Gedanken nicht in Beziehung zu dem Wohlbefinden, das der Gelehrte empfindet. Galilei müßte aufhören zu denken, wenn Andrea ihm nicht mehr den Rücken reibt.

Die Abhängigkeit der Produktion für die Gesellschaft von dem Wohlbefinden des einzelnen, das ihm die Gesellschaft bietet, ist für das Stück von außerordentlicher Wichtigkeit. Sieht das Publikum das nicht, so wird der Umfall Galileis rein idealistisch. Wenn die Gesellschaft ihm nicht Wohlbehagen ermöglicht, warum soll er sie nicht verraten? Obwohl er »an sich nicht schlecht sein darf«.

Ausgerechnet den kleinen Andrea unterrichtet Galilei über seine revolutionierenden und revolutionären Gedanken. Hier zeigt sich eine ganz neue – der kapitalistischen Entmenschlichung der »Ware Arbeitskraft« entgegengesetzte – Verhaltensweise: die Lust am Produzieren und das Vermitteln von Wissen an jeden, der wissen will. Galilei überfordert seinen Schüler dafür sogar.

Gleich darauf bricht er die Unterrichtung des Interessierten ab, um einen Desinteressierten zu unterrichten, der zahlen kann. Seine Begründung an Andrea ist die gröbste, aber die für Andrea verständliche.

[ZUR 4. SZENE]

In der 4. Szene kann man die Phasen der Venus zeigen und zugleich den Unterschied zwischen der Annahme des ptolemäischen und der des kopernikanischen Systems, die Bewegung dieses Sterns betreffend. Man kann dazu Galilei hören. Er kann, was gezeigt wird, in der Art beschreiben, wie Sagredo zu Beginn der 3. Szene, was er sieht, beschreibt. In der 7. Szene können auf dem Schirm, den Galileis Schüler aufgebaut haben, die Sonnenflecken wandernd gezeigt werden, und zwar bevor Andrea sagt: »Wenn wir eine Rotation der Sonne nachweisen können ...« Auch hier kann, am besten durch Andrea, beschrieben werden, was gesehen wird.

[ZUR 7. SZENE]

Galilei versteht nichts von der Kunst der Fingerzeige. Bellarmin ist berechtigt, von ihm zu erwarten, daß er, zart, instruiert, sein Lebenswerk fallen läßt und dem Gastgeber graziös zustimmt, eventuell ihn noch mit einigen, nur ihm, dem Fachmann, bekannten Argumenten beschenkt. Der Kardinal beginnt ernstlich ungeduldig zu werden.

[ZUR 11. SZENE]

Konnte Galilei anders handeln?
Die Szene gibt hinreichend Gründe für Galileis Zögern, aus Florenz zu fliehen und sich in den Schutz der oberitalienischen Städte zu stellen. Trotzdem mag das Publikum sich ausmalen, daß er sich dem Eisengießer Matti anvertraute und auch hierfür so manche Tendenzen im Charakter und in der Situation Galileis ausfinden.
Der Darsteller Laughton zeigte, daß Galilei bei seinem Gespräch mit dem Eisengießer unter großer seelischer Erregung steht. Er spielte einen Moment der Entscheidung, und sie ist falsch. (Kenner der Dialektik werden in der folgenden Szene »Der Papst« eine weitere Aufhellung der Möglichkeiten Galileis finden, wenn der Inquisitor verlangt, daß Galilei zur

Abschwörung seiner Theorie gezwungen werde, weil die italienischen Seestädte seine astronomischen Karten benötigten, die auf ihr beruhen und die man ihnen nicht verweigern könne!)
Es darf hier eben nicht objektivistisch verfahren werden.[1]

[ZUR 14. SZENE]

Galilei nach dem Widerruf
Das Verbrechen hat ihn zum Verbrecher gemacht. Er gefällt sich in Gedanken an die *Größe* seines Verbrechens. Er wehrt sich gegen die unverschämten Zumutungen der Außenwelt an ihre Genies. Was hat Andrea getan gegen die Inquisition? Galilei wirft seinen Intellekt in die Lösung der klerikalen Probleme, übersehen bei den Holzköpfen. Sein Intellekt funktioniert routinemäßig, als leere Kraft. Seinen Wissensdurst empfindet er als den Ausschlag, der ihn juckt. Wissenschaftliche Betätigung ist ihm ein Laster, lebensgefährlich, jedoch unentbehrlich. Er haßt die Menschheit fanatisch. Andreas Bereitwilligkeit, sein Verdammungsurteil zu revidieren angesichts des Buchs, ist Korruption. Galilei wirft ihm, wie einem ausgehungerten und lahmen Wolf einen Brocken, die logische wissenschaftliche Analyse des Galilei-Phänomens hin. Dahinter steckt noch die Ablehnung der moralischen Zumutungen einer Menschheit, die nichts tut, die Tödlichkeit dieser Zumutungen und dieser Moral aufzuheben.

Galilei hat für eine geraume Zeit mit der Kirche laboriert, wenn sein Lieblingsschüler Andrea ihn überraschend besucht. Der Besuch schreckt ihn auf. Er kann es nicht lassen, Information über die allgemeine Lage der Wissenschaften einzuholen.

1 Der Objektivist läuft, wenn er die Notwendigkeit einer gegebenen Reihe von Tatsachen beweist, stets Gefahr, auf den Standpunkt eines Apologeten dieser Tatsachen zu geraten. (Lenin)

Er bekommt von Andrea, der eine feindselige und kalte Haltung einnimmt, lediglich bestätigt, was er weiß: Sein Widerruf hat die Wissenschaften nahezu zum Stillstand gebracht. Wenn Andrea sich nach dem kurzen und pausenreichen Gespräch verabschieden will – er beabsichtigt, nach Holland zu reisen –, hält Galilei ihn zurück, zugleich jedoch ihn beschuldigend, mit der Absicht gekommen zu sein, seinen teuer erkauften Seelenfrieden zu stören. Er erwähnt, daß er sowieso »Rückfälle« erleide, d. h. tatsächlich wieder in Forschungsarbeiten zurückgeglitten sei. Er beklagt dies, da es den Rest von Komfort bedroht, den die Kirche, die er »sehr geduldig« nennt, ihm gestattet. Die kirchlichen Behörden tun alles, ihn aus Ungelegenheiten zu halten; seine Manuskripte werden einbehalten. Andreas Feindseligkeit beginnt zu schmelzen angesichts des offenbaren Elends einer solchen Existenz. Der größte Physiker der Zeit pflügt Wasser. Die mildere Stimmung weicht, wenn Galilei, der bisher nur von »kleineren Arbeiten« gesprochen hat, damit herauskommt, es handle sich um das beendete Manuskript der »Discorsi«. Andrea ist entsetzt. Niemand in der Gelehrtenwelt wagte noch auf dieses Buch zu warten. Jetzt liegt es vor – nur um von der Inquisition vernichtet zu werden! Galilei zieht sich in eine luziferische Selbstzerstörungspose zurück, gibt jedoch plötzlich zu, er habe heimlich eine Kopie des Buchs angefertigt – »hinter dem eigenen Rücken«. Es ist in einem Globus versteckt. Andrea hält die »Discorsi« in den Händen. Er erkennt an, daß das Buch verlorengegeben werden muß, da jeder Versuch einer Veröffentlichung Galilei aufs äußerste gefährden muß; es kann nicht ohne seine Mithilfe ins Ausland gebracht worden sein. Galilei bestätigt dies, jedoch in einem sehr zweideutigen Satz. Es wird klar, daß seine Ängstlichkeit mehr und mehr überkommen wird von seinem Wunsch, die »Discorsi« veröffentlicht zu wissen. Er selbst ist es, der dem Andrea nahelegt, das Buch »zu stehlen«. Der Dieb würde die Verantwortung zu schultern haben.

Andrea verbirgt die »Discorsi« in seinem Wams.
Das Buch auf seinem Weg in die Öffentlichkeit wissend, verändert Galilei noch einmal seine Haltung. Er schlägt vor, dem Buch solle eine Einleitung beigegeben werden, die das Renegatentum des Autors aufs schärfste verurteile. Andrea weigert sich leidenschaftlich, solch einen Wunsch weiterzugeben. Er weist darauf hin, daß nunmehr alles verändert sei, Galilei habe sich durch seinen Widerruf die Möglichkeit verschafft, das allbedeutende Werk zu vollenden. Die landläufigen Vorstellungen von Helden, ethischen Formeln usw. wären zu ändern. Nur die Kontribution zur Wissenschaft entscheide. usw.
Galilei hört sich Andreas Rede, die ihm eine goldene Brücke zurück in die Achtung der Wissenschaftler baut, zunächst schweigend an, widerspricht aber dann mit schneidendem Hohn, Andrea eines verlumpten Widerrufs aller wissenschaftlicher Prinzipien beschuldigend. Beginnend mit einer Verurteilung »schlechten Denkens«, gleichsam nur um brillant zu demonstrieren, wie ein wissenschaftlich Geschulter einen Fall wie den seinen zu analysieren habe, beweist er Andrea, daß das wertvollste Werk niemals den Schaden aufwiegen kann, der durch einen Verrat an der Menschheit entstehen muß.

Darstellung des Galilei in der 14. Szene

Der dem und jenem bekannte Umstand, daß der Verfasser ein Gegner der Kirche ist, könnte ein Theater veranlassen, der Aufführung des Stückes eine hauptsächlich antiklerikale Tendenz zu verleihen. Die Kirche ist in diesem Stück aber vornehmlich als weltliche Obrigkeit behandelt. Die spezifische kirchliche Ideologie ist von der Seite aus gesehen, wo sie als eine Stütze praktischer Herrschaft erscheint. Der alte Kardinal (in der 4. Szene) kann mit wenigen Änderungen in einen Tory oder einen Demokraten des Staates Louisiana ver-

wandelt werden. Galileis Illusion über den »Wissenschaftler im Stuhl St. Peters« fände mehr als eine Entsprechung in der Zeitgeschichte, die wenig mit der Kirche zu tun hätte. Galilei kehrt (in der 13. Szene) nicht »in den Schoß der Kirche« zurück – er hat sich, wie bekannt, niemals daraus entfernt. Er versucht lediglich seinen Frieden mit den Herrschenden zu machen. Seine Verkommenheit zeigt sich in seiner sozialen Haltung; er erkauft sich seinen Komfort (selbst seine wissenschaftliche Betätigung ist nun zu einem Komfort herabgesunken) mit Handlangerdiensten, so seinen Intellekt schamlos prostituierend. (Seine Verwertung klerikaler Zitate ist dementsprechend rein blasphemisch.) Seine Selbstanalyse darf unter keinen Umständen von dem Darsteller dazu mißbraucht werden, mit Hilfe von Selbstvorwürfen den Helden dem Publikum sympathisch zu machen. Sie zeigt einfach sein Gehirn unzerstört – gerichtet auf welches Feld immer. Andrea Sartis Schlußbemerkung gibt keineswegs die Ansicht des Stückschreibers über Galilei wieder, sondern nur seine Ansicht über Andrea Sarti. Der Stückschreiber wünschte nicht das letzte Wort zu haben.
Galilei markiert den Standard der italienischen Intellektuellen im ersten Drittel des XVII. Jahrhunderts, die von der Feudalität besiegt wurden. Die nördlichen Länder Holland und England entwickelten die Produktivkräfte weiter in der sogenannten »Industriellen Revolution«. Galilei ist in gewissem Sinn ihr technischer Schöpfer und sozialer Verräter.

[*List und Verbrechen*]

In der ersten Fassung des Stücks war die letzte Szene anders. Galilei hatte in großer Heimlichkeit die »Discorsi« geschrieben. Er veranlaßt anläßlich eines Besuchs seinen Lieblingsschüler Andrea, das Buch über die Grenze ins Ausland zu schmuggeln. Sein Widerruf hatte ihm die Möglichkeit verschafft, ein entscheidendes Werk zu schaffen. Er war weise gewesen.

In der kalifornischen Fassung [...] bricht Galilei die Lobeshymnen seines Schülers ab und beweist ihm, daß der Widerruf ein Verbrechen war und durch das Werk, so wichtig es sein mochte, nicht aufgewogen.

Wenn es jemanden interessieren sollte: Dies ist auch das Urteil des Stückschreibers.

Gedichte zu »Leben des Galilei«

PROLOG ZUR AMERIKANISCHEN AUFFÜHRUNG

Verehrtes Publikum der Breiten Straße
Wir laden Sie heute in die Welt der Kurven und Maße
Zu entschleiern vor Ihrem Kennerblick
Die Geburtsstunde der Physik.
Sie sehen das Leben des großen Galileo Galilei.
Den Kampf des Fallgesetzes mit dem gratias dei
Der Wissenschaft mit der Obrigkeit
An der Schwelle der Neuzeit.
Sie sehen die Wissenschaft jung und drall
Und Sie sehen ihren Sündenfall.
Noch ist das Wahre nicht die Ware
Doch hat es schon dies Sonderbare
Daß es die vielen nicht erreicht
Und macht ihr Leben schwer statt leicht.
Solche Betrachtung scheint uns heut aktuell
Die Neue Zeit verrinnt besonders schnell –
Wir hoffen, Sie leihen Ihr geneigtes Ohr
Wenn nicht uns, so doch unserm Thema, bevor
Infolge der nicht gelernten Lektion
Auftritt die Atombombe in Person.

EPILOG DER WISSENSCHAFTLER

Und wie er das Werk begonnen
Haben wir es fortgeführet
Tiefgebückt und hochgesonnen
Grenzenlos und eingeschnüret.
Kommandierend die Gestirne

Knieend vor den Obrigkeiten
Tragen wir zu Markt unsre Gehirne
Unsrer Leiber Notdurft zu bestreiten.
So, verachtet nur von oben
Und verlacht zumeist von unten
Haben wir der Weltengloben
Große Formeln ausgefunden.
Stetig größer wird das Wissen
Und es wird die Knechtschaft größer.
Wahrheit wird zum Leckerbissen
Und zum Büttel der Erlöser.
In den neuen Eisenzügen
Zu der neuen Schiffe Hafen
Fahren, ihnen zu genügen
Sklavenhalter nur und Sklaven.
Sklaven nur und Sklavenhalter
Fliegen ihnen
In den jungen Flugmaschinen
Durch der Himmel blaues Alter.
Denn sie widmen feig der Schröpfung
Einer Menschheit ihre Schöpfung
Bis die Letzte alles wendet
Bis die Gnomische
Weiße, Atomische
Sie und uns und alles endet.

Aufbau einer Rolle/Laughtons Galilei

BRIEF AN DEN SCHAUSPIELER CHARLES LAUGHTON, DIE ARBEIT AN DEM STÜCK »LEBEN DES GALILEI« BETREFFEND

Noch zerfleischten sich unsere Völker, als wir
Über den abgegriffenen Heften saßen, in Wörterbüchern
Suchend nach Wörtern und viele Male
Unsere Texte ausstrichen und dann
Unter den Strichen hervor die anfänglichen Wendungen
Wieder ausgruben. Allmählich –
Während die Wälle der Häuser einstürzten in unseren
Hauptstädten –
Stürzten die Wälle der Sprachen zusammen. Gemeinsam
Fingen wir an, dem Diktat der Figuren und Vorgänge
Neuem Text zu folgen.

Immerfort wandelte ich mich zum Schauspieler, zeigend
Gestus und Tonfall einer Figur, und du
Wandeltest dich zum Schreiber. Weder ich noch du
Sprangen aus unserm Beruf doch.

Fragmentarisch

VORWORT

Mit der Beschreibung des Laughtonschen Galileo Galilei versucht der Stückschreiber nicht so sehr, einem der flüchtigen Kunstwerke, wie sie die Schauspieler machen, ein wenig mehr Dauer zu geben, als vielmehr die Mühe zu preisen, welche ein großer Schauspieler auf solch ein flüchtiges Kunstwerk zu verwenden imstande ist. Sie ist nicht mehr üblich. Es ist nicht nur die kurze Probenzeit unserer hoffnungslos kommerzialisierten Theater, die an den geistlosen und schablonenhaften

Porträts schuld ist, – die meisten Schauspieler könnten mit mehr Zeit gar nicht viel anfangen. Es ist auch nicht nur, daß die repräsentativen Einzelpersönlichkeiten mit reichen Zügen und großen Konturen in diesem Jahrhundert recht selten geworden sind – man könnte dann die Sorgfalt auf die Porträtierung der »Kleinen« verwenden. Verlorengegangen scheint vor allem die Kenntnis und Schätzung dessen, was man einen *theatralischen Gedanken* nennen kann: das, was Garrick gemacht hat, wenn er als Hamlet dem Geist des Vaters begegnete; die Sorel, wenn sie als Phädra wußte, daß sie sterben würde; Bassermann, wenn er als Philipp den Posa ausgehört hatte. Es handelte sich dabei um Erfindungen. Diese theatralischen Gedanken waren für den Zuschauer isolierbar und abzuheben, jedoch schlossen sie sich auch zusammen zu einer ganzen reichen Textur.
Einzelne Einblicke in die Natur der Menschen, Ausblicke auf ihr besonderes Zusammenleben wurden bewerkstelligt durch wohlersonnene Veranstaltungen der Schauspieler.
Mehr noch als bei den philosophischen Systemen wird es bei den Kunstwerken verborgen, wie sie gemacht werden. Die Hersteller tun viel, den Anschein zu erwecken, daß alles einfach stattfindet, sozusagen von sich selber, als bilde sich in einem regen Spiegel, der untätig ist, ein Abbild. Es ist dies natürlich eine Täuschung, und man scheint zu vermuten, daß sie, geglückt, den Genuß des Beschauers steigert, aber dies ist nicht der Fall. Der Zuschauer, jedenfalls der bewanderte, genießt in der Kunst das Kunstmachen, das aktive Element des Schaffens. In der Kunst sehen wir die Natur selbst als eine Künstlerin an.
Die folgende Beschreibung befaßt sich mit dieser Seite, mit dem Prozeß der Herstellung, weniger mit dem Produkt. Es ist also mehr von den Konzerten die Rede, welche der Künstler von der Wirklichkeit hat *und übermittelt*, als von seinem Temperament, mehr von den Beobachtungen, die in seine Gestaltung eingehen und aus ihnen geholt werden können,

also von seiner Vitalität. Damit vernachlässigen wir manches, was uns an der Leistung Laughtons an »Unnachahmlichem« entzückte, stoßen aber dafür vor zu dem, das erlernbar ist. Denn die Talente können wir nicht machen, wohl aber können wir ihnen Aufgaben stellen.

Es braucht hier nicht untersucht zu werden, wie die Künstler vergangener Zeiten ihr Publikum überraschten. Gefragt, warum er Theater spiele, antwortete L.: »Weil die Leute nicht wissen, wie sie sind, ich aber glaube, es ihnen zeigen zu können.« Seine Mitarbeit an der Umformung des Stücks zeigte, daß er auch noch allerhand verbreitungssüchtige Meinungen darüber hatte, wie das Zusammenleben der Leute sich *wirklich* abspielt, was dabei die bewegenden Momente sind, worauf man da achten muß. Dem Stückschreiber scheint L.s Standpunkt der eines realistischen Künstlers unserer Zeit. Während es nämlich in verhältnismäßig stationären (»ruhigen«) Zeitläuften den Künstlern vielleicht möglich ist, mit ihrem Publikum ganz eins zu sein und die allgemeinen Vorstellungen treulich zu »verkörpern«, müssen sie in diesen Zeiten gewaltigster Umwälzungen ganz besondere Anstalten treffen, zur Wirklichkeit vorzustoßen. Unsere Gesellschaft gibt nicht selbst preis, was sie bewegt. Man kann sogar sagen, daß sie nur existiert durch das Geheimnis, in das sie sich hüllt. Am »Leben des Galilei« zog L. außer einigem Formalen auch das rein Stoffliche an; er dachte, dies könnte etwas werden, was er eine *Kontribution* nannte. Und so groß war seine Begierde, Dinge zu zeigen, wie sie wirklich sind, daß er bei all seiner Gleichgültigkeit, ja Furchtsamkeit in allem Politischen an nicht wenigen Stellen des Stücks beträchtliche Verschärfungen verlangte oder gar vorschlug, lediglich weil diese Stellen ihm »irgendwie schwach« vorkamen, worunter er eben verstand, daß sie den Dingen, wie sie sind, nicht gerecht wurden.
Wir trafen uns zur Arbeit für gewöhnlich in L.s großem Haus über dem Pazifischen Ozean, da die Kataloge der Synonyme

zu schwer zum Herumschleppen waren. Er gebrauchte diese Folianten viel und mit unermüdlicher Geduld und fischte dazu noch Texte der verschiedensten Literaturen heraus, um diesen oder jenen Gestus oder eine besondere Sprachform zu studieren, den Äsop, die Bibel, Molière, den Shakespeare. Er veranstaltete Vorlesungen Shakespearischer Werke in meinem Haus, für die er sich etwa zwei Wochen lang vorbereitete. So las er den »Sturm« und »King Lear«, nur für mich und ein bis zwei zufällig eingetroffene Gäste. Wir diskutierten danach nur kurz das Einschlägige, etwa eine »Arie« oder einen glücklichen Szenenbeginn. Dies waren Übungen, und er verfolgte sie mitunter in mannigfache Richtungen, sie seinem übrigen Werk einverleibend. Hatte er am Radio zu lesen, ließ er sich von mir die ihm etwas fremden synkopischen Rhythmen Whitmanscher Gedichte mit Fäusten auf dem Tisch vortrommeln, und einmal mietete er ein Studio, und wir brachten ein halbes Dutzend Spielarten der Schöpfungsgeschichte auf Platten, indem er in der Ich-Form einen afrikanischen Pflanzer die Geschichte seiner Weltschöpfung den Negern erzählen oder sie von einem englischen Butler seiner Lordschaft zuschreiben ließ. Wir benötigten solche ausgebreiteten Studien, da er kein Wort Deutsch sprach und wir uns über den Gestus von Repliken in der Weise einigen mußten, daß ich alles in schlechtem Englisch oder sogar in Deutsch vorspielte, und er es sodann auf immer verschiedene Art in richtigem Englisch nachspielte, bis ich sagen konnte: Das ist es. Das Resultat schrieb er Satz für Satz handschriftlich nieder. Einige Sätze, viele, trug er tagelang mit sich herum, sie immerfort ändernd. Die Methode des Vor- und Nachspielens hatte einen unschätzbaren Vorzug darin, daß psychologische Diskussionen nahezu gänzlich vermieden wurden. Selbst die Grundgesten, wie Galileis Art, zu beobachten, seine showmanship (Schaustellertum) oder seine Genußsucht, wurden plastisch etabliert durch die Vorführung. In allem handelte es sich uns zunächst lediglich um die kleinsten Bruchstücke, die Sätze, ja die Ausrufe – jeder für sich genommen, jeder die leichteste, eben angebrachte Form erheischend, soundso viel verratend, soundso viel verbergend oder offen lassend. Die tieferen Eingriffe in die Struktur ganzer Szenen oder des Werkes selbst wurden gemacht, der Erzählung des Stoffes vorwärtszuhelfen und ziemlich allgemeine Feststellungen über das Verhalten der Leute dem großen Physiker gegenüber zur Geltung zu bringen. Diese Zurückhaltung dagegen, im Psychischen herumzukramen, bewahrte sich L. während der ganzen langen Dauer unserer Zusammenarbeit, auch als er nach einer rohen Fertigstellung des Stückes dasselbe hier und dort vorlas, um Reaktionen zu bekommen, und noch in den Bühnenproben.

Der mißliche Umstand, daß der eine Übersetzer kein Deutsch und der andere nur wenig Englisch wußte, erzwang, wie man sieht, von Anfang an ein Theaterspielen als Methode der Übersetzung. Wir waren gezwungen, zu machen, was sprachlich besser bewanderte Übersetzer ja ebenfalls machen sollten: Gesten übersetzen. Die Sprache ist nämlich da theatralisch, wo sie vornehmlich das Verhalten der Sprechenden zueinander ausdrückt. (Bei den »Arien« zogen wir, wie geschildert, noch den Gestus des Stückeschreibers hinzu, indem wir die Schreiber der Bibel oder den Shakespeare beim Singen beobachteten.)

L. zeigte in auffälligster und mitunter brutaler Weise eine Gleichgültigkeit gegen das »Buch«, die der Stückeschreiber nicht immer aufbrachte. Was wir machten, war ein Text, die Aufführung war alles. Unmöglich, ihn zur Übersetzung von Partien zu verführen, auf die der Stückeschreiber für die geplante Aufführung verzichtete, die er aber für das Buch retten wollte! Das Wichtige war der Theaterabend, der Text hatte ihn lediglich zu ermöglichen: in der Aufführung fand der Verschleiß des Textes statt, er ging in ihr auf wie das Pulver im Feuerwerk! Wiewohl L. Theater in einem London gemacht hatte, das dem Theater gegenüber recht gleichgültig geworden war, war noch das alte elisabethanische London in ihm, dem Theater eine Leidenschaft war, und zwar eine so große, daß es unsterbliche Kunstwerke gierig und unschuldig einfach als »Texte« verschlingen durfte. In der Tat waren diese Kunstwerke, welche das Jahrhundert überdauerten, wie Improvisationen für einen alles geltenden Augenblick gemacht. Schon die Drucklegung interessierte nur noch wenig und erfolgte wohl nur, um den Zuschauern, also denen, die bei dem eigentlichen Ereignis – nämlich der Aufführung – anwesend gewesen waren, ein Souvenir an das Vergnügen zu übermitteln. Und das Theater war wohl dann auch so potent zu dieser Zeit, daß der Text durch die Weglassungen und Hinzufügungen auf den Proben kaum gelitten haben muß.

Wir pflegten in L.s kleinem Bibliothekszimmer zu arbeiten, und am Vormittag. Aber L. kam mir oft schon im Garten entgegen, in Hemd und Hose barfuß über den feuchten Rasen laufend, und wies mir gewisse Neuerungen in der Bepflanzung, denn der Garten beschäftigte ihn ständig und barg viele Finessen und Probleme. Die Heiterkeit und die schönen Maße dieser Gartenwelt gingen auf eine angenehme Weise in unsere Arbeit ein. Für eine beträchtliche Zeitspanne sammelten wir alles in unsere Arbeit. Sprachen wir über Gartenbaukunst, so schweiften wir eigentlich nur ab von irgendeiner Szene des »Galilei«; suchten wir in einem New Yorker Museum technische Zeichnungen des Leonardo für die Projektionen der Hintergründe in der »Galilei«-Aufführung, so sckweiften wir ab zu der Grafik des Hokusai. L., konnte ich bemerken, erlaubte dem Stoff nur, ihn zu streifen. Die Pakete mit Büchern oder Fotokopien aus Büchern, die er immerfort bestellte, machten ihn nicht zum Bücherwurm. Er suchte beharrlich nach dem Äußeren: nicht nach der Physik, sondern nach der Verhaltensweise der Physiker. Es galt, ein Stück Theater aufzubauen, etwas Leichtes, Äußerliches. Als das Material sich häufte, griff L. eifrig nach der Idee, einen guten Zeichner mit

der Herstellung amüsanter Skizzen von der Art zu beauftragen, wie sie Caspar Neher zu machen pflegte, um die Anatomie der Handlung bloßzulegen. »Bevor man andere amüsiert, muß man sich selber amüsieren«, sagte er.
Da freilich konnte keine Mühe gespart werden! L. hörte nicht eher von den delikaten Szenenskizzen Caspar Nehers, die den Schauspielern gestatten, sich nach den Kompositionen eines großen Künstlers zu gruppieren und sich mit ebenso wahrhaftigen als erlesenen Gesten zu verstehen, als er schon einem ausgezeichneten Zeichner der Walt Disney Studios den Auftrag gab, solche Skizzen zu entwerfen. Sie fielen etwas boshaft aus; L. verwendete sie, aber vorsichtig.
Welche Mühe L. an das Kostüm wandte, nicht nur an seines, an das aller Spieler! Und welche Zeit nahm uns die Besetzung der zahlreichen Rollen!
Zuerst hatten wir die Kostümbücher und auch alte Bildwerke nach Kostümen zu durchsuchen, die nicht das an sich hatten, was unsere Zeit als aufgeputzt empfindet. Wir atmeten auf, als wir auf einem kleinen Tafelwerk des 16. Jahrhunderts lange Hosen fanden. Dann hatten wir die Stände voneinander zu scheiden. Der ältere Breughel leistete uns da gute Dienste. Am Ende hatten wir das Farbenschema auszuarbeiten. Jede Szene mußte einen Grundton haben – die erste z. B. einen zarten matinalen mit Weiß, Gelb und Grau. Aber die Gesamtheit der Szenen mußte dann ihre Entwicklung haben in der Farbe. In der ersten Szene kam etwa ein distinguiertes Tiefblau hinein durch den Ludovico Marsili, und dieses Tiefblau blieb auch, abgesondert, in der zweiten Szene mit den Großbürgern in ihren schwärzlichgrünen, aus Filz und Leder gemachten Röcken. Der gesellschaftliche Aufstieg des Galilei wurde auch in den Farben sichtbar. Das Silber und Perlgrau der vierten (Hof-) Szene leitete über in ein Notturno in Braun und Schwarz (Verspottung des Galilei durch die Mönche des Collegium Romanum) zu der achten, dem Ball der Kardinäle mit den phantastischen delikaten Einzel-

masken (Damen und Herren) zwischen den Kardinälen in Karmesin. Dies war ein Ausbruch der Farbe, aber ihre Entfesselung kam noch, und zwar in der neunten, der Fastnachts-Szene. Wie die Kardinäle und der Adel hatte auch das niedere Volk sein Maskenfest. Danach kommt der Abstieg in die stumpfen und grauen Farben. Die Schwierigkeit eines solchen Schemas besteht natürlich darin, daß die Kostüme mit ihren Trägern durch mehrere Szenen wandern; sie müssen immer passen und die neuen Szenen farbig mit aufbauen.

Wir besetzten die Rollen hauptsächlich mit jungen Schauspielern. Die Reden boten einige Probleme. Die amerikanische Bühne vermeidet Reden, außer in den fürchterlichen Shakespeare-Aufführungen und vielleicht wegen dieser. Reden bedeuten ihr einfach einen Stillstand der Handlung, und sie sind es auch, so wie sie gebracht werden. L. arbeitete gewissenhaft und meisterlich mit den jungen Schauspielern, und der Stückeschreiber bewunderte, wie frei er sie dabei ließ, wie er, alles Laughtonsche vermeidend, lediglich die Strukturen lehrte. Dem oder jenem Schauspieler, der allzu leicht der Laughtonschen Persönlichkeit unterlag, las er aus dem Shakespeare vor, den eigentlichen Text überhaupt nicht probierend – keinem las er den Text selber vor. Übrigens wurden alle Schauspieler gebeten, auf keinen Fall ihre Eignung für die Rolle dadurch zu zeigen, daß sie sofort etwas »Eindrucksvolles« hinlegten.

Wir einigten uns über folgendes:

1. Die Bühnendekorationen sollen nicht so sein, daß das Publikum glaubt, sich in einer Stube des mittelalterlichen Italiens oder im Vatikan zu befinden. Das Publikum soll zur Überzeugung gebracht werden, es befinde sich in einem Theater.

2. Der Hintergrund soll mehr zeigen als die unmittelbare Umgebung Galileis; er soll in phantasievoller und artistisch reizvoller Art die historische Umgebung zeigen. Er soll dabei Hintergrund bleiben. (Das letztere wird erreicht, wenn die Dekoration z. B. nicht selber durch Farbigkeit brilliert, son-

dern den Kostümen der Schauspieler hilft, wenn sie die Plastik der Figuren verstärkt, indem sie selber flächenartig bleibt – auch wenn sie Plastisches enthält usw.)

3. Möbel und Requisiten sollen realistisch sein (Türen gehören dazu) und vor allem sozial-historische Reize enthalten. Die Kostüme müssen individualisiert sein und die Merkmale des Getragenseins aufweisen. Die sozialen Unterschiede sind zu unterstreichen, da wir sie in sehr alten Moden nicht leicht erkennen können. Die Farben der Kostüme sind aufeinander abzustimmen.

4. Die Gruppierungen der Personen müssen die Qualität historischer Gemälde haben (nicht, damit das Historische als ästhetischer Reiz herauskommt; die Anweisung gälte für zeitgenössische Stücke ebenso). Die Regie erreicht das, indem sie für die Vorgänge historische Titel ersinnt. (Beispiel: Für die erste Szene etwas die folgenden: *Der Physiker Galilei erklärt seinem späteren Mitarbeiter Andrea Sarti die neue Kopernikanische Theorie und sagt eine große geschichtliche Bedeutung der Astronomie voraus. – Um seinen Lebensunterhalt zu verdienen, unterrichtet der große Galilei reiche Schüler. – Galilei, der um Mittel für die Fortführung seiner Studien ersucht hat, wird von den Universitätsbehörden angehalten, profitable Instrumente zu erfinden. – Galilei konstruiert nach Angaben eines Reisenden sein erstes Fernrohr.*)

5. Die Vorgänge müssen in Ruhe und in großem Entwurf ausgeführt werden. Ständiger Stellungswechsel mit wenig bedeutenden Bewegungen der Figuren muß vermieden werden. Die Regie darf keinen Augenblick vergessen, daß viele der Vorgänge und Reden schwer zu verstehen sind, so daß es nötig ist, den Grundsinn des Vorganges schon in den Stellungen auszudrücken. Das Publikum muß sicher sein, daß ein Gang, ein Aufstehen, eine Geste Bedeutung hat und Aufmerksamkeit verdient. Die Gruppierungen und Bewegungen müssen jedoch absolut natürlich und realistisch bleiben.

6. Bei der Besetzung der kirchlichen Würdenträger muß be-

sonders realistisch verfahren werden. Es ist keine Karikatur der Kirche beabsichtigt, jedoch darf die raffinierte Ausdrucksweise und »Bildung« der Kirchenfürsten des 17. Jahrhunderts die Regie nicht dazu verführen, durchgeistigte Typen auszusuchen. Die Kirche stellt in diesem Stück hauptsächlich die Obrigkeit dar; typenmäßig sollen die kirchlichen Würdenträger unsern Bankiers und Senatoren gleichen.

7. Die Darstellung des Galilei sollte nicht darauf ausgehen, ein sympathisierendes Sicheinfühlen und Mitgehen des Publikums zu etablieren; vielmehr sollte dem Publikum eine mehr staunende, kritische und abwägende Haltung ermöglicht werden. Er sollte dargestellt werden als ein Phänomen wie etwa Richard III., wobei die emotionelle Zustimmung des Publikums durch die Vitalität dieser fremden Erscheinung erreicht wird.

8. Je tiefer der historische Ernst einer Aufführung sich etabliert, desto ausgiebiger kann Humor zur Geltung kommen; je großzügiger das Arrangement ist, desto intimer können die Szenen gespielt werden.

[9. An und für sich kann »Leben des Galilei« ohne größere Umstellung des zeitgenössischen Theaterstils aufgeführt werden, etwa als ein historischer »Schinken« mit einer großen Rolle. Eine konventionelle Aufführung (die übrigens den Aufführenden keineswegs als konventionell zum Bewußtsein zu kommen brauchte, um so weniger, wenn sie originelle Einfälle aufwiese) müßte jedoch die eigentliche Kraft des Stückes beträchtlich schwächen, ohne dem Publikum »einen leichteren Zugang zu eröffnen«. Die hauptsächlichsten Wirkungen des Stückes würden verfehlt, wenn das Theater nicht eine adäquate Umstellung vornimmt. Die Antwort »das geht hier nicht« ist der Autor gewohnt; er bekam sie auch zu Hause. Die meisten Regisseure verhalten sich solchen Stücken gegenüber, wie ein Pferdekutscher zur Zeit seiner Erfindung dem Auto gegenüber sich verhalten hätte, wenn er, lediglich das Gefährt übernehmend, die praktischen Anweisungen dagegen mißachtend, vor den neuen Wagen Pferde gespannt hätte, mehr natürlich als vor eine Kutsche, da der neue Wagen schwerer war. Solch ein Kutscher würde ebenfalls, aufmerksam gemacht auf den Motor, geantwortet haben: »Das geht hier nicht.«][1]

Die Aufführung fand in einem kleinen Theaterchen in Beverly Hills statt, und L.s Hauptsorge war die Hitze, die gerade herrschte. Er verlangte, daß Lastwagen mit Eisblöcken um das Theater angefahren und Ventilatoren in Bewegung gesetzt wurden, »damit die Zuschauer denken konnten«.

NOTATE ZU EINZELNEN SZENEN

I

Der Gelehrte, ein Mann

Die Arbeit L.s begann damit, daß er all das bleiche, vergeistigte Sternguckertum der Schulbücher aus der Figur des Galilei hinauswarf. Vor allem war es nötig, aus dem Gelehrten einen Mann zu machen. Schon dem Wort »der Gelehrte« haftet im Mund des Volkes etwas Lächerliches an; es hat etwas vom »Abgerichteten«, etwas Passives. Im Bayrischen sprachen die Leute vom »Nürnberger Trichter«, mit dem geistig schwächlichen Personen mehr oder minder zwangsweise übergroße Quantitäten von Wissen eingeflößt wurden, eine Art von Gehirnklistier. Sie wurden nicht weiser davon. Auch wenn einer »die Gescheitheit mit dem Löffel gefressen« hatte, wurde das als ein unnatürlicher Vorgang betrachtet. Die »Gebildeten« – und auch diesem Wort haftet diese fatale Passivität an – sprachen von einer Rache der »Ungebildeten«, einem angeborenen Haß gegen den »Geist«, und die Verachtung hatte tatsächlich häufig eine Beimischung von Gehässigkeit; im Dorf und in den Vorstädten wurde der »Geist« als fremd und sogar feindlich empfunden. Aber selbst in den

1 [Dieser Text wurde von Brecht später für die »Anmerkungen« angefügt.]

»besseren Ständen« fand man diese Verachtung. »Der Gelehrte« war eine impotente, blutleere, verschrobene Figur, »eingebildet« und nicht sehr lebensfähig. Sie verfiel leicht der Romantisierung. L. hielt sich bei Galilei an den Ingenieur des Großen Arsenals von Venedig. Er hatte Augen, nicht zum Leuchten, sondern zum Sehen, Hände zum Arbeiten, nicht zum Gestikulieren. Alles Sehenswürdige und Fühlenswürdige machte er aus des Galilei Geschäft, dem Physikmachen und Lehren, und zwar dem Lehren von etwas Bestimmten, aus dem die Schwierigkeiten erwuchsen. Und er zeigte das Auswendige nicht doch des Inwendigen wegen, d. h. das ganze Forschen und was damit verknüpft war, der seelischen Regungen wegen, die sich ergaben; vielmehr sonderten sich die niemals von den Geschäften und Streitigkeiten und wurden niemals »allgemein menschlich«, wenn sie auch für alle immer von Interesse blieben. Der Zuschauer kann sich nämlich von dem Dritten Richard des Shakespeare-Theaters leicht mit dem Schauspieler zusammen verwandeln, da dessen Politikmachen und Kriegführen nur vage vorkommt, nicht viel mehr davon, als ein Träumender verstehen müßte; zum Galilei fehlt dem Zuschauer immerfort, daß er nicht so viel von den Naturwissenschaften versteht wie der Galilei. Es hat etwas Pikantes, daß Stückeschreiber und Darsteller, um die Geschichte des Galilei vorzuführen, jene Vorstellung zertrümmern mußten, die gerade durch Galileis Verrat mitbegründet wurde, die Vorstellung von einem weltfremden, zwitterhaft eunuchischen Wesen der Schullehrer und Wissenschaftler. (Erst als sie, volksfremde Kopflanger der herrschenden Klassen, in unsern Tagen die letzte Frucht der Bewegungsgesetze des Galilei, die Atombombe, ablieferten, verwandelte sich die Verachtung des Volkes in die Furcht.) Dem Galilei selber, zum Dank für seinen Glauben an eine volksverbundene Wissenschaft, erwies das Volk die Ehre, jahrhundertelang und über ganz Europa hin, nicht an seinen Widerruf zu glauben.

Einteilung und Linie
Wir teilten die erste Szene in Teile ein:
Wir hatten den Vorteil, durch die Fabel beginnen zu können, mit einem Beginn auch für den Galilei, nämlich mit der Begegnung mit dem Teleskop, und da die Bedeutung der Begegnung dem Galilei noch verborgen ist, benutzten wir einen kleinen Kunstgriff, indem wir die Beginnerfreude aus dem Morgen holten; da war das Waschen mit dem kalten Wasser – L., mit nacktem Oberkörper, hob mit großer, schneller Bewegung eine Kupferkanne vom Boden auf und ließ den Wasserstrahl in ein Becken laufen –, das Wiederbegegnen mit den Büchern, aufgeschlagen auf dem Stehpult, der erste Schluck Milch, die erste Belehrung, einem Knaben gegeben. Im Folgenden kehrt Galilei immer wieder zu seiner Lektüre am Pult zurück, unwillig über die Abhaltungen durch den weitgereisten Studenten mit seiner flachen Vorliebe für modische Neuerfindungen wie dieses Augenglas und durch den Universitätskurator, der kein Stipendium gewähren will; bis es zur letzten Abhaltung vom Studium kommt, der Erprobung der Linsen, welche ohne die beiden ersten nicht hätte sein können und welche ein ganz neues Studium eröffnet.

Interesse am Interesse
und Denken als Ausdruck körperlichen Wohlbehagens
Erwähnt seien zwei Momente im Spiel mit dem Kind:
Sich im Hintergrund waschend, beobachtet Galilei vom Waschstand aus interessiert das Interesse des Kindes an dem Astrolab; des kleinen Andrea, der um das merkwürdige Instrument kreist. Die Neuartigkeit des Galilei in seiner Zeit brachte L. dadurch heraus, daß er ihn auf die umgebende Welt wie einen Fremden schauen ließ, als auf etwas der Erklärung Bedürftiges. Seine lachende Betrachtung machte die Mönche im Collegium Romanum zu Fossilien. Er zeigte hier übrigens Vergnügen an ihrer primitiven Beweisführung.

Von einigen wurden Einwendungen dagegen erhoben, daß L. die Rede über die neue Astronomie in der ersten Szene mit entblößtem Oberkörper brachte; das Publikum möchte verwirrt werden, wenn es so spirituelle Äußerungen von einem halbnackten Mann hörte. Aber gerade diese Mischung von Körperlichem und Geistigem interessierte L. »Galileis Wohlbehagen«, wenn der Knabe ihm den Rücken frottierte, setzte sich um in geistige Produktion. So unterstrich L., daß Galilei der Wein wieder schmeckt, wenn er in der neunten Szene hört, daß der reaktionäre Papst im Sterben liegt. Seine wohlige Art, auf und ab zu gehen, und sein Spiel mit den Händen in den Hosentaschen beim Planen der neuen Forschungen reichte an die Grenze des Anstößigen. Immer wenn Galilei schöpferisch ist, zeigte L. eine widerspruchsvolle Mischung von Aggressivität und schutzloser Weichheit und Verwundbarkeit.

Erdumdrehung und Gehirnumdrehung
Die kleine Demonstration der Erdumdrehung arrangiert L. schnell und nebenbei, von seinem Pult, an dem er zu lesen begonnen hat, weg und zu ihm zurücklaufend. Er vermeidet alle Eindringlichkeit, scheint auf das Fassungsvermögen des Kindes gar nicht einzugehen und läßt es einfach sitzen mit seinen Gedanken.
Diese beiläufige Art, Rechnung tragend seinem Zeitmangel, schließt zugleich den Knaben ein in die Gemeinschaft der Forscher. Gerade so etablierte L., wie für den Galilei Lernen und Lehren dasselbe ist – was seinen späteren Verrat so schrecklich macht.

Ausgeglichenheit
Galilei wird von Andreas Mutter bei seiner Demonstration der Erdumdrehung überrascht. Zur Rede gestellt wegen der ungereimten Ideen, die er dem Kind beibringt, antwortet er: »Wir befinden uns augenscheinlich auf der Schwelle zu einem

neuen Zeitalter, Sarti«. Bezaubernd die Weise wie L. dabei zärtlich sein Glas Milch leert!

Quittieren einer guten Antwort

Ein kleines Moment: Die Haushälterin ist gegangen, den neuen Schüler einzulassen. Galilei sieht sich gezwungen, Andrea ein Geständnis zu machen. Mit seiner Wissenschaft ist es nicht allzu gut bestellt, sie muß den Behörden gegenüber ihre größten Themen geheimhalten, und sie sind vorläufig nur Hypothesen. »Ich möchte Astronom werden«, sagt Andrea schnell. Ob dieser Antwort sieht ihn Galilei beinahe zärtlich lächelnd an. Solche Details werden für gewöhnlich von den Schauspielern nicht extra (lange) genug probiert, um dann in der Aufführung schnell gebracht werden zu können.

[Wegschicken des Andrea]

Das Wegschicken des Andrea unter dem Gespräch mit Ludovico ist eines der theatralischen Geschäfte, zu denen man sich Zeit nehmen muß. Galilei trinkt seine Milch jetzt in einer Weise, als sei sie das einzige Vergnügen, das zu haben ist und das nicht mehr lang dauern wird. Der Gegenwart Andreas ist er sich durchaus bewußt. Er schickt ihn mißmutig weg. Einer der unvermeidlichen täglichen Kompromisse!

Galilei unterschätzt die neue Erfindung

Ludovico Marsili schildert ein neues Augenglas, das er in Holland gesehen und nicht verstanden hat. Galileo bittet um nähere Angaben und entwirft eine Skizze, die das Problem löst. Den Karton mit der Skizze hält er, ohne ihn dem neuen Schüler zu zeigen, wie der es erwartet hat. (L. bestand darauf, daß der Darsteller des Ludovico es erwartete.) Die Skizze selbst fertigte er nebenbei an, ein Problem zu lösen, das etwas Erleichterung von der Unterhaltung bot. Und auch wie er die Haushälterin nachher bat, Andrea nach den Linsen zu schicken, und wie er sich dafür von dem eben eintretenden Kurator der Universität einen Skudo ausborgte, all das hatte etwas Automatisches, Gewohnheitsmäßiges. – Der ganze Vorfall schien nur zu zeigen, wie Galilei auch Stroh noch zu dreschen verstand.

Eine neue Ware

Die Geburt des Teleskops als Ware wurde auf den Proben lange nicht deutlich. Wir entdeckten, warum: L. hatte auf die Nachricht von der Ablehnung des Stipendiums durch die Universität zu schnell und zu hochfahrend zornig reagiert! Als er den Schlag mit einem betroffenen Schweigen hinnahm und dann beinahe bekümmert im Ton eines armen Mannes sprach, war alles in Ordnung. Es ergab sich von selbst daraus, daß Galileis »Herr Priuli, ich habe vielleicht etwas für Sie« dann so kam, daß man Galileis Meinung über das neue Augenglas als eines »Schnickschnacks« erkennen konnte.

[Unterbrechung des Studiums]

Wenn Andrea mit den Linsen zurückkommt, findet er Galilei bereits in das Studium vertieft. (L. hat in einer keineswegs kurzen Pause gezeigt, wie der Gelehrte mit seinen Büchern umgeht.) Er hat die Linsen bereits vergessen, läßt den Knaben warten und geht dann, beinahe schuldbewußt, weil er keine Lust verspürt, sich dem einträglichen Schnickschnack zuzuwenden, daran, die zwei Linsen auf einem Karton zu arrangieren. Er trägt dann die »Sache« zur Seite, nicht ohne eine kleine Demonstration seiner »Showmanship« (Ausstellerkunst).

II

Betrug und Repräsentation

Geringere Schauspieler hätten die Ansprache, in der Galilei den Venezianern das Teleskop als seine eigene Erfindung darstellt, schon deshalb komisch gebracht, weil die paar erregten Worte, in denen er seinem Freund Sagredo Mitteilung

von der wissenschaftlichen Bedeutung des Instruments macht, einen stark kontrastierenden Hintergrund gehabt hätten. Die Zeremonie der Übergabe des Instruments wäre jeder Bedeutung dadurch entkleidet worden und der Betrugsakt als moralische Bagatelle erschienen. L. hielt die Rede durchaus ernsthaft, im Goethischen Sinne artig, d.h. routiniert; derlei gehört zu dem offiziellen Auftreten des Chefingenieurs des Großen Arsenals von Venedig. Nur wenn er von den »höchst christlichen Prinzipien« sprach, nach denen das »Augenglas oder Teleskop« konstruiert sei, spürt man etwas von der Lust des großen Widersprechers an der Provokation.
Höchst vergnüglich, wie schamlos der Koloß sich vor seinen Brotgebern verbeugte, wenn sie nach einem Blick durch das Instrument ihm Beifall klatschten, und wie er doch ihre jovialen und ein wenig distanzlosen Späße ablehnte, während er zugleich mit höchster Autorität und Leidenschaftlichkeit seinem Freund erzählte, daß er das Ding auf den Nachthimmel gerichtet habe.

Geduld verbürgt Tempo

L. befreite sich auf den Proben völlig von dem Fieber der Abendvorstellung, dem nichts schnell genug gehen kann und das so leicht in die Proben hineinschlägt. Hier kann kaum etwas langsam genug gehen. Man muß probieren, als dürfe das Stück zwölf Stunden dauern. Gelegenheitslösungen für »Übergänge«, vorgeschlagen, um Tempoverluste zu vermeiden, lehnte L. rigoros ab. Überall hier lagen Wirkungen; im kleinsten konnten Besonderheiten oder Gepflogenheiten des menschlichen Zusammenlebens gezeigt werden. (Die »Tempoverluste« entstehen am ehesten, wo Gemuddel und Gepfusch ist und eben übergangen wird.) Zum Beispiel kann ohne geduldige Detailarbeit der verhältnismäßig kursorische Schluß der zweiten Szene nicht ordentlich arrangiert werden.
Die Ratsherren umringen und beglückwünschen Galilei und

ziehen ihn nach hinten, aber die winzige Auseinandersetzung mit Ludovico Marsili mit der Plagiatsbeschuldigung muß sozusagen noch in der Luft hängenbleiben; denn während die Gardine sich hinter ihnen und vor Galilei und den anderen schließt, führen sie, an der Rampe abgehend, das Gespräch weiter und zu Ende. Und Ludovicos zynische Bemerkung, nun wisse er, was Wissenschaft sei, gibt das Sprungbrett ab für die folgende dritte Szene der großen Entdeckungen.

III

[Vertrauen auf objektive Beurteilung]

Galilei läßt seinen Freund Sagredo durch das Teleskop Mond und Jupiter beobachten. L. setzte sich abgekehrt vom Instrument, in entspannter Haltung, als sei seine Arbeit geschafft und als wünsche er nur noch, der andere möchte objektiv beurteilen, was er sieht, brauche auch nicht mehr zu tun, als gerade dies, da er ja nun sieht. Auf diese Weise dokumentierte er, daß nun aller Streit um die Kopernikanische Lehre angesichts der neuerdings zur Verfügung stehenden Beobachtungsmöglichkeit aufzuhören habe.
Diese Haltung erklärt schon zu Beginn der Szene seine kühne Bewerbung um die profitable Stellung am Hof von Florenz.

Der historische Moment

L. führte das Gespräch mit dem Freund am Teleskop ohne jeden Nachdruck. Und je intimer er sich gab, desto deutlicher war die historische Nacht zu spüren, je nüchterner er sprach, desto feierlicher erschien der Moment.

Eine Verlegenheit

Wenn der Kurator der Universität sich über den Betrug in Sachen Teleskop beschweren kommt, zeigt L.s Galilei starke Verlegenheit, indem er beflissen durch das Teleskop schaut, sichtlich weniger um den Gestirnhimmel, als um nicht dem Kurator ins Auge zu sehen. Er benutzt schamlos die »höhere«

Funktion des für die Florentiner nicht so lukrativen Instruments als Deckung.

Freilich zeigt er zugleich dem erbosten Mann, der ihm vertraut hat, den Hintern. Jedoch bietet er ihm, weit entfernt davon, ihn mit den Entdeckungen der »reinen« Wissenschaft abspeisen zu wollen, sofort einen anderen Profit: die Himmelsuhr für die Schiffe. Nach des Kurators Abgang sitzt er mißmutig, sich den Hals kratzend, vor dem Teleskop und weist Sagredo auf seine physischen und geistigen Bedürfnisse hin, die so oder so befriedigt werden müssen. Die Wissenschaft ist ihm eine Milchkuh, für alle zu melken, allerdings auch für ihn. Dient hier, zu dieser Zeit, diese Einstellung des Galilei der Wissenschaft noch, so wird sie später, im Kampf mit Rom, die Wissenschaft an den Rand des Abgrunds, nämlich in die Hände der Herrschenden bringen.

Der Vater des Gedankens: der Wunsch

Aufblickend von den Berechnungen der Bewegungen, welche die Jupiterplaneten vollführen, äußert Sagredo seine Besorgnis für denjenigen, der diese Erkenntnis, so peinlich für die Kirche, veröffentlichen wird. Galilei verweist auf die Verführungskraft des Beweises. Er holt einen Stein aus der Tasche und läßt ihn, der Schwerkraft folgend, von der einen Hand in die andere fallen: »Niemand«, sagt er, »wird lange imstande sein, ein solches Fakt zu leugnen.« So argumentierend, vergaß L. nicht einen Augenblick, es so zu tun, daß man sich dessen erinnern konnte, wenn er nachher seinen Vorsatz bekanntgab, seine gefährlichen Erkenntnisse dem katholischen Florentiner Hof auszuliefern.

[Abweisung der Virginia]

Die kleine Szene mit seiner Tochter Virginia benutzte L.s Galilei dazu, anzudeuten, was von dem späteren Verhalten Virginias als Spitzel der Inquisition auf seine Rechnung gesetzt werden könnte. Er nimmt ihr Interesse für das Teleskop nicht ernst und schickt sie zur Frühmette. L. betrachtete seine Tochter nach ihrer Frage: »Darf ich durchschauen, Vater?«, bevor er sagte: »Warum? Das ist kein Spielzeug.«

Spaß an Widersprüchen
Mit den Worten »Ich gehe nach Florenz« unterzeichnet Galilei umständlich den Bewerbungsbrief. Bei dieser hastigen Kapitalisierung seiner Entdeckungen wie bei seinen Ausführungen über die Verführungskraft der Beweise und der Repräsentation der großen Entdeckungen ließ L. dem Zuschauer völlig frei, die widerspruchsvolle Persönlichkeit des Galilei zu studieren, zu kritisieren, zu bewundern.

IV

Spielen von Zorn
Gegenüber den Hofgelehrten, die sich weigern, durch sein Teleskop zu schauen, da es entweder die Behauptung des Aristoteles bestätigen oder den Galilei als einen Schwindler entlarven müsse, spielte L. nicht so sehr den Zorn als den Versuch zur Beherrschung des Zorns.

Hündisches
Nachdem Galilei, am Ende ausbrechend, gedroht hat, mit seiner neuen Wissenschaft in die Schiffswerften zu gehen, sieht er den Hof hastig aufbrechen. Tief alarmiert und verstört läuft er in einem äußerst servilen Gang hinter dem sich zurückziehenden Fürsten her, stolpernd und würdelos. In derlei zeigt sich die Größe eines Schauspielers durch den Grad des Unverständlichen, jedenfalls nicht zu Billigenden, den er dem Verhalten der Figur zu verleihen vermag.

IV und VI[1]

Der Kampf

und die besondere Art des Kampfes

L. trug Sorge dafür, daß durch die zwei folgenden Szenen 4 und 6 die Handskizze der Jupiter-Konstellation aus Galileis originalem Report auf die Tafel des Hintergrunds projiziert blieb. Sie erinnerte an den Kampf. Um eine Seite davon, das Antichambrieren für die Wahrheit, zu zeigen, ließ L. sich am Ende von 4, wenn nach dem hastigen Abgang des Hofs der Kämmerer zurückbleibt, ihm den Appell an Rom mitteilend, aus dem Raum, sein Haus bedeutend, hinaus vor den kleinen Vorhang treiben. Dort stand er, zwischen 4 und 6, sowie zwischen 6 und 7 wartend und mitunter feststellend, daß der kleine Kiesel aus seiner Tasche immer noch von der erhobenen einen Hand in die darunter ausgestreckte andere fiel.

VI

[Die Betrachtung der Geistlichen]

Die spottenden Mönche im Collegium Romanum betrachtet Galilei nicht ganz ohne Anerkennung – versuchen sie doch immerhin, durch das Treten auf der unsichtbaren rollenden Erdkugel die Absurdität seiner Behauptungen zu *beweisen*. Den greisen Kardinal betrachtet er mit Mitleid.

Nachdem der Astronom Clavius die Angaben des Galilei bestätigt hat, zeigt Galilei dem sich bestürzt zurückziehenden gegnerischen Kardinal seinen Schwerkraftstein, und L. tat dies keinesfalls triumphierend, sondern als wolle er dem Gegner noch einmal eine Gelegenheit geben, sich selbst zu überzeugen.

VII

Ruhm

Geladen zum Maskenball der Kardinäle Bellarmin und Barberini, bleibt Galilei einige Augenblicke allein in der Vor-

1 Die V. Szene wurde in diesen Aufführungen nicht gespielt.

halle mit den klerikalen Sekretären, die sich später als Geheimpolizisten entpuppen. Schon bei seinem Eintritt haben vornehme Masken ihn mit großer Achtung begrüßt: Es ist offenbar, daß er in hoher Gunst steht. Aus den Sälen dringt die Stimme eines Knabenchors, und Galilei lauscht einer dieser melancholischen Stanzen, welche man hört, wo die Lebensfreude herrscht. Nicht mehr als dieses kurze Lauschen und das Wort »Rom!« benötigte L., um das Hochgefühl des Eroberers auszudrücken, dem die Hauptstadt der Welt zu Füßen liegt.

Das Zitatenduell

In dem kurzen Duell der Bibelzitate, das er mit dem Kardinal Barberini ausficht, zeigt L.s Galilei bei aller Lust an derlei geistigem Sport doch auch, daß er eine ungünstige Entwicklung seiner Angelegenheit zu ahnen beginnt. Im übrigen hängt die Wirkung der Szene ab von der Eleganz ihrer Durchführung, und L. machte vollen Gebrauch von seiner schweren Körperlichkeit.

Zwei Dinge auf einmal

Das kleine Argument über die Fassungskraft des menschlichen Gehirns (das der Stückeschreiber mit Vergnügen von Albert Einstein geäußert hörte) gab L. die Gelegenheit, zwei Züge zu zeigen: 1. eine gewisse Grobheit des Fachmanns, wenn der Laie sein Gebiet invadiert, und 2. die Erkenntnis der Schwierigkeit eines derartigen Problems.

[Entwaffnung durch verletzte Logik]

Auf die Vorlesung des Dekrets, das dem Gast untersagt, die als bewiesen anerkannte Theorie zu lehren, reagiert L.s Galilei mit zweimaligen äußerst scharfen Wendungen von den lesenden Sekretären zu dem liberalen Barberini hin. Galilei ist wie vom Donner gerührt und läßt sich von den beiden Kardinälen zum Ball schleppen wie ein mit der Axt betäubter Stier. Auf eine vom Stückeschreiber nicht beschreibbare Art verstand es L., den Eindruck zu vermitteln, daß es hauptsächlich die offene Verletzung der Logik ist, die Galilei entwaffnet.

VIII
[Unbezwinglicher Forschungstrieb]
Erfährt Galilei in der siebenten Szene das *Nein* der Kirche, so in der achten ein *Nein* der Bevölkerung. Es kommt aus dem Mund des Mönches, der selbst Physiker ist. Galilei, erst erschreckt, erkennt die Zusammenhänge: daß nicht der Bauer von der Kirche, sondern die Kirche vom Bauern verteidigt wird, wenn es gegen die Wissenschaft geht. Es war L.s theatralischer Gedanke, den Galilei so tief treffen zu lassen, daß er alle Gegenargumente im Ton der Verteidigung, ja der zornigen Notwehr hervorbringt und das Hinwerfen des Manuskripts zu einer Geste der Hilflosigkeit machen konnte. Er berief sich auf seinen unbezwinglichen Forschungstrieb, wie ein ertappter Sexualverbrecher sich auf seine Drüsen berufen mag.

Laughton vergißt nicht,
die Fabel zu erzählen
Die achte Szene hat im Text des Galilei einen Satz, der die Fabel weitererzählt: »Sollte ich dieses Dekret anerkennen...« L. präparierte dieses winzige, jedoch wichtige Moment sorgfältigst heraus.

IX
[Die Ungeduld des Wissenschaftlers Galilei]
Während L. darauf bestand, nach dem Widerruf der dreizehnten Szene eine große Änderung nach dem Kriminellen hin in dem Charakter des Galilei vornehmen zu dürfen, spürte er kein Bedürfnis nach Ähnlichem für den Beginn der neunten Szene. Auch hier hat Galilei jahrelang von einer öffentlichen Schlußfolgerung aus seinen Entdeckungen Abstand

genommen, um der Kirche gefällig zu sein, aber dies kann in der Tat nicht als ein Verrat betrachtet werden, der dem späteren gleicht. Noch ist nämlich die Kenntnis der neuen Lehre in der breiteren Bevölkerung gering, noch ist die Sache der jungen Astronomie nicht verknüpft mit der Sache des oberitalienischen Bürgertums, noch sind die Kampffronten keine politischen. Wenn auch ein Ruf unterlassen wird, so wird doch kein Widerruf vorgenommen. So ist es immer noch nur die persönliche Ungeduld und Unzufriedenheit des Wissenschaftlers, die zur Darstellung zu gelangen hat.

Wann wird Galilei zum Schädling?

Bei dem Galilei handelt es sich nämlich nicht darum, daß einer bei seiner Meinung stehenbleiben müsse, solange er sie für wahr hält; wofür er dann den Titel eines Charakters bekommt. Der Kopernikus, der alles überhaupt in Schwung gebracht hat, ist zu seiner Meinung nicht gestanden, sondern gelegen, indem er sie erst nach seinem Tod veröffentlichen ließ, und doch macht ihm mit Recht niemand einen Vorwurf. Da war etwas hingelegt und konnte aufgelesen werden.
Der es hingelegt hatte, war gegangen, weg von Dank oder Schimpf. Da war eine wissenschaftliche Leistung, ermöglichend eine leichtere, kürzere, elegantere Berechnung der Gestirnbahnen – die Menschheit mochte sich bedienen. Das Lebenswerk des Galilei ist im ganzen von derselben Art, und die Menschheit bediente sich seiner. Aber zum Unterschied vom Kopernikus, der dem Kampf ausgewichen war, hat er ihn gekämpft und diesen Kampf verraten. Hätte Giordano Bruno, der Nolaner, der den Kampf nicht vermied und zwei Jahrzehnte zuvor verbrannt worden war, widerrufen, wäre der Schaden wohl nicht groß gewesen; es ist sogar fraglich, ob sein Märtyrertod nicht mehr Wissenschaftler abschreckte als anfeuerte. Der Kampf war zu Brunos Zeit noch schwächlich. Aber die Zeit blieb nicht stehen: eine neue Klasse, das Bürgertum, hatte nun mit einer neuen Industrie den Plan kräf-

tiger betreten; es handelte sich nicht nur mehr um wissenschaftliche Leistungen, sondern um Kämpfe, sie groß und allgemein zu verwerten. Die Verwertung erfolgte in vielen Hinsichten, mußte doch die neue Klasse, um ihre Geschäfte betreiben zu können, zur Macht kommen und eine herrschende Ideologie zertrümmern, die sie daran hinderte. Die Kirche, welche den Grundbesitzern und Fürsten ihre Privilegien als gottgewollte und somit natürliche verteidigte, herrschte nicht durch die Astronomie, aber in ihr, auch in ihr. Auf keinem Gebiet konnte sie ihre Herrschaft vernichten lassen. Die neue Klasse nämlich konnte einen Sieg auf jedem Gebiet, auch auf dem der Astronomie, für sich ausnutzen. Jedoch war sie, hatte sie einmal ein Gebiet als Exempel gewählt und den Kampf darauf konzentriert, auf diesem Gebiet verletzlich in allgemeiner Weise. Der Satz »Keine Kette ist stärker als ihr schwächstes Glied« gilt für Ketten, die binden (wie es die kirchliche Ideologie eine war) und für Transmissionsketten (wie die neuen Vorstellungen über Besitz, Recht, Wissenschaft usw. der neuen Klasse) zugleich. Galilei wurde zum Schädling, als er seine Wissenschaft in diesen Kampf führte und den Kampf dann verließ.

Lehren

Kein Bild vermag die Leichtigkeit und Eleganz wiederzugeben, mit der L. die kleinen Experimente mit dem schwimmenden Eisstück in der Kupferwanne vollführte. Einem verhältnismäßig langen Lesen in Büchern folgte die schnelle Demonstration. Das Verhältnis zu den Schülern ähnelt einem Zweikampf, in dem der Fechtlehrer alle Kunstgriffe anwendet – gegen den Schüler, dem Schüler zu dienen. Andrea auf einer zu hastigen Schlußfolgerung ertappend, streicht er ihm den falschen Eintrag im Rekordbuch mit derselben Geduld und Sachlichkeit durch, wie er die Lage des Eisstückes in der Tauchvorrichtung korrigiert.

Das Schweigen

Seine Künste braucht er freilich bei seinen Schülern, um ihre Unzufriedenheit mit ihm zu unterdrücken. Sie verübeln sein Schweigen bei der europäischen Diskussion der Sonnenflecken, in der sein Urteil als der größten Autorität immerfort gefordert wird. Er weiß, daß er seine Autorität der Kirche verdankt, die stürmische Forderung nach seinem Spruch also seinem Schweigen. Seine Autorität ist ihm verliehen worden unter der Bedingung, daß er sie nicht ausübt. L. zeigt das Leiden des Galilei in der Episode mit dem Buch über die Sonnenflecken, das gebracht und von den Schülern diskutiert wird. Er spielt völlige Gleichgültigkeit, aber wie schlecht! Ihm ist nicht erlaubt, dieses Buch durchzublättern, das doch sicher voll von Irrtümern, also doppelt verführerisch ist! Und er unterstützt, selber nicht revoltierend, immerhin im kleinen die Revolte: wenn der Linsenschleifer Federzoni im Zorn seine Waage zu Boden schmettert, weil er das Latein der Bücher nicht lesen kann. Er hebt sie selber ihm auf – freilich beiläufig, wie einer, der alles aufhebt, was herunterfällt.

*Wiederaufnahme der Forschung –
ein sinnliches Vergnügen*

Die Ankunft Ludovico Marsilis, des Verlobten Virginias, nützte L. dazu aus, seine eigene Unzufriedenheit mit der Routinearbeit zu dokumentieren. Er veranstaltete die Bewirtung des Gastes in solcher Weise, daß sie den Schülern als Unterbrechung der Arbeit Kopfschütteln erregen konnte. Bei der Nachricht, daß der reaktionäre Papst auf dem Sterbebett liege, begann dem Galilei sichtlich sein Wein zu munden. Sein ganzer Habitus änderte sich. Mit dem Rücken zum Publikum am Tisch sitzend, erlebte er eine Wiedergeburt; er steckte die Hände in die Tasche und legte das eine Bein auf die Bank, sich wollüstig rekelnd. Dann stand er langsam auf und begann hin und her zu laufen, den Wein mit sich nehmend. Und zugleich ließ er merken, wie ihm der zukünftige Schwiegersohn, der Gutsbesitzer und Reaktionär, mit jedem Schluck Wein weniger gefiel. Seine Anweisungen an die Schüler, die Vorbereitungen für das neue Experiment betreffend, waren ebenso viele Herausforderungen. Und dabei sorgte L. noch dafür, daß es offenbar wurde, wie er da eine Gelegenheit zur Forschung nicht etwa beim Schopfe, sondern nur an einem Härchen ergriff!

Arbeitsgestus

Die Rede über die Notwendigkeit der Vorsicht, mit der Galilei seine wissenschaftliche Tätigkeit wiederaufnimmt, die aller Vorsicht ins Gesicht schlägt, zeigt L. in einem kostbaren Gestus kreativer, sehr verletzlicher Weichheit.

Selbst Virginias Ohnmächtigwerden, wenn sie den Verlobten nicht mehr anwesend findet, interessiert Galilei kaum. Die Schüler beugen sich über sie, er sagt schmerzlich: »Ich muß es wissen.« Und es sagend, erschien er nicht hart.

X

Politische Haltung aus dramaturgischen Gründen

L. nahm den größten Anteil an der zehnten (der Fastnachts-) Szene, in der die italienische Bevölkerung, Galileis revolutionäre Lehre mit ihren eigenen revolutionären Forderungen verknüpfend, gezeigt wird. Er trug zu ihrer Verschärfung bei, indem er vorschlug, daß Vertreter der Gilden, maskiert, eine Wergpuppe, hergerichtet als Kardinal, spottend in die Luft werfen sollten. Ihm war so wichtig, daß die Bedrohung der Besitzverhältnisse durch die Lehre von der Erdumdrehung demonstriert wurde, daß er eine New Yorker Produktion, welche diese Szene streichen wollte, ablehnte.

XI

Abbau

Die elfte Szene ist die Szene des Abbaus. L. beginnt sie in der autoritativen Haltung der neunten Szene. Er erlaubt der fortgeschrittenen Erblindung nicht, auch nur ein Jota seiner Virilität wegzunehmen. (Überhaupt verzichtete L. bewußt auf die Ausnutzung dieses Gebrechens, das Galilei sich in der Ausübung seines Berufes zugezogen hat und das ihm natürlich die Sympathie der Zuschauer sichern könnte. L. wünschte das Versagen des Galilei nicht dem Alter oder irgendwelcher körperlichen Schwäche zuschreibbar. Noch in der letzten Szene bot er nicht das Bild eines körperlich, sondern das eines geistig gebrochenen Mannes.)

Der Stückeschreiber zieht es vor, den *Widerruf* des Galilei hier zu plazieren, anstatt denselben vor der Inquisition stattfinden zu lassen. Galilei vollzieht ihn, wenn er das Angebot der fortschrittlichen bürgerlichen Klasse, gemacht durch den Eisengießer Vanni, ihn in seinem Kampf gegen die Kirche zu unterstützen, ablehnt und sich darauf beruft, er habe ein unpolitisches wissenschaftliches Werk geschrieben. L. machte diese Ablehnung mit äußerster Schroffheit und Kraft.

Zwei Fassungen

Für die Begegnung mit dem Kardinal Inquisitor, der aus den inneren Gemächern kommt, änderte L. in der New Yorker Aufführung den Gestus. Er blieb in der kalifornischen sitzen, den Kardinal nicht erkennend, während seine Tochter sich verneigte. So entstand der Eindruck, als gehe da etwas Unheilvolles vorüber, unerkenntlich, sich aber verneigend. In New York erhob sich L. und nahm die Verbeugung des Kardinals selbst entgegen. Die Änderung scheint dem Stückeschreiber nicht glücklich, da sie zwischen Galilei und dem Kardinal Inquisitor eine Beziehung etabliert, die nichts zur Sache tut und aus dem folgenden Satz des Galilei »Er war immerhin höflich« eine Feststellung, anstatt eine Frage macht.

Die Verhaftung
Sobald der Kämmerer auf der Treppe erscheint, nimmt Galilei hastig sein Buch unter den Arm und läuft an dem erstaunten Kämmerer vorbei die Treppe hinauf. Durch die Worte des Kämmerers zurückgehalten, fängt er an, in seinem Buch zu blättern, als käme es auf die Güte dieses Werkes an. Stehengelassen auf den unteren Stufen der Treppe, muß er den Gang zurück machen. Er stolpert dabei. Beinahe an der Rampe angelangt – seine Tochter ist auf ihn zugeeilt –, sammelt er sich vollständig und gibt seine Anweisungen praktisch und kraftvoll. Es zeigt sich, daß er gewisse Vorkehrungen getroffen hat. Seine Tochter eng an sich haltend, sie stützend, versucht er, in schnellem, energischem Gang die Halle zu verlassen. Beim Ausgang angelangt, ruft ihn der Kämmerer zurück. Er empfängt den verhängnisvollen Bescheid mit großer Fassung. So spielend, zeigt L., daß hier weder ein unbeholfener noch ein unwissender Mann eingefangen wird, sondern einer, der große Fehler gemacht hat.

XIII

Eine Erschwerung für den Schauspieler: gewisse Wirkungen treffen erst ein beim zweiten Sehen des Stücks
Wenn es zu der Szene mit dem *Widerruf* kommt, hat L. in den vorausgehenden Szenen niemals versäumt, die Nachgiebigkeit und die Unnachgiebigkeit des Galilei den Behörden gegenüber in all ihren Graden auszustellen, auch da, wo wohl nur derjenige Zuschauer etwas damit machen konnte, der das Stück schon einmal bis zu Ende gesehen hatte. Er war sich mit dem Stückeschreiber durchaus bewußt, daß dieser Stücktypus, seine Details betreffend, auf die Kenntnis des Ganzen leidig angewiesen ist.

Der Verräter
Für den nach dem *Widerruf* von der Inquisition zu seinen

Schülern zurückkehrenden Galilei gibt es im Buch eine Vorschrift: *Tritt auf, bis zur Unkenntlichkeit verändert.* L. wählte eine Unkenntlichkeit nicht körperlicher Art, wie der Stückschreiber angeregt hatte. In seinem losen Gang und seinem Grinsen war etwas Infantiles, Bettnässerisches, eine Selbstbefreiung auf niedrigster Stufe andeutend, als seien da Zügel abgeworfen, die recht nötig gewesen waren.
Dies und das Folgende ist am besten auf Bildern der kalifornischen Aufführung zu sehen.
Andrea Sarti ist es schlecht geworden, Galilei hat verlangt, daß man ihm ein Glas Wasser hole, und der Mönch geht an ihm vorbei, es zu holen, das Gesicht abgewendet. Galileis Auge wird von Federzoni, dem Handwerker-Gelehrten, gefangen, und geraume Zeit, bis der Mönch mit dem Wasser zurückkommt, starren sich die beiden an. Das ist Galileis Abstrafung: Die Federzonis der kommenden Jahrhunderte sind es, die seinen Verrat an der Wissenschaft gleich zu Beginn ihrer großen Laufbahn werden bezahlen müssen.

»Unglücklich das Land«

Die Schüler haben den Gestürzten verlassen. Sartis letztes Wort war gewesen: »Unglücklich das Land, das keine Helden hat«. Galilei hat die Antwort auszudenken, und zu spät, als daß sie ihn noch hören könnten, ruft er ihnen nach: »Unglücklich das Land, das Helden nötig hat!« L. sagte es nüchtern, eine Feststellung des Physikers, der die Natur um ihr Privileg bringen möchte, Tragödien zu verhängen, und die Menschheit um die Notwendigkeit, Helden zu stellen.

XIV

Die Gans

Die letzten Jahre seines Lebens bringt Galilei als Gefangener der Inquisition auf einem Landsitz unweit Florenz zu. Seine Tochter Virginia, die zu unterrichten er versäumt hat, ist zum Spitzel der Inquisition geworden. Er diktiert ihr seine

»Discorsi«, in denen er seine hauptsächlichen Lehren formuliert. Um aber zu verheimlichen, daß er eine Abschrift des Werkes anfertigt, übertreibt er den Grad seiner Erblindung. Hier stellt er sich, als erkenne er eine Gans nicht, die sie ihm als das Geschenk eines Reisenden zeigt. Seine Weisheit ist zur List herabgesunken. Jedoch ist sein Genießertum wohl erhalten: Er gibt seiner Tochter genau an, wie er die Leber der Gans zubereitet haben möchte. Seine Tochter verbirgt weder ihr Mißtrauen, betreffend sein Unvermögen, die Gans zu erkennen, noch ihre Verachtung seiner Freßlust. Galilei wiederum, wissend, daß sie den Wächtern der Inquisition gegenüber den Vater verteidigt, verschärft boshaft ihren Gewissenskonflikt, indem er durchblicken läßt, daß er die Inquisition täuscht. So experimentiert er mit ihrer Tochterliebe und ihrer Ergebenheit gegen die Kirche in niedriger Art. Jedoch gelang es L. bewundernswert, beim Zuschauer zugleich mit einiger Verachtung, doch auch einigen Schrecken über Erniedrigungen zu erregen, die niedrig machen. Zu alldem hatte er nur wenige Sätze und Pausen zur Verfügung.

Kollaboration

Begierig, zu zeigen, daß das Verbrechen den Verbrecher verbrecherischer macht, bestand L. bei der Bearbeitung des Originalstücks auf einer Szene, in der Galilei vor dem Zuschauer mit den Machthabern kollaboriert. Dies war auch deshalb angezeigt, weil Galilei im weiteren Verlauf der Gesamtszene den verehrungswürdigsten Gebrauch von seiner wohl konservierten Geisteskraft macht, indem er seinen Verrat dem einstigen Schüler gegenüber analysiert. Er diktiert seiner Tochter, der er auch sein Hauptwerk, die »Discorsi«, in den letzten Wochen diktiert hat, einen unterwürfigen Brief an den Erzbischof, in dem er ihn unterweist, wie die Bibel zur Niederhaltung hungernder Handwerker benutzt werden kann. Er zeigt seiner Tochter offen seinen Zynismus dabei, kann aber nicht ganz die Anstrengung verbergen, die ihm die schimpfliche Aufgabe macht. L. war sich durchaus bewußt, wie halsbrecherisch kühn er mit dieser rücksichtslosen Preisgabe seiner Figur gegen den Strom schwamm – verträgt doch das Publikum nichts weniger als so etwas.

Die Stimme des Gastes

Virginia hat das Manuskript des Briefes an den Erzbischof niedergelegt und ist gegangen, einen späten Besuch zu empfangen. Galilei hört die Stimme Andrea Sartis, seines einstigen Lieblingsschülers, der sich nach dem Widerruf von ihm losgesagt hatte. Jenen, die bei der Lektüre des Stücks die Schilderung der Seelenqualen vermißten, denen unsere Atomphysiker von der Bomben bestellenden Behörde ausgesetzt werden, erteilte L. eine kleine Belehrung darüber, wie einem Schauspieler von Rang ein flüchtiger Augenblick genügt, solche seelischen Unbequemlichkeiten anzudeuten. Es ist natürlich richtig, die Unterwürfigkeit Galileis seinen Behörden gegenüber mit der unserer Physiker gegenüber Machthabern, denen sie mißtrauen, zu vergleichen, jedoch ist es falsch, ihnen in ihre Bauchschmerzen zu folgen. Was sollte damit gewonnen sein? L. verlegte hierher einfach die Aufzeigung seines schlechten Gewissens, die ihn später in der Szene, bei der Analyse seines Verrats, nur gestört hätte.

Das Lachen

Das Lachen auf dem Bild[1] war durch den Text nicht provoziert, und es war schrecklich. Sarti, der einstige Lieblingsschüler, kommt zu Besuch, und Virginia bespitzelt die mühselige Unterredung. Galilei erkundigt sich nach seinen ehemaligen Mitarbeitern, Sarti gibt rücksichtslose Auskünfte, berechnet, den Lehrer zu verletzen. Sie kommen auf Feder-

1 Diese Angabe bezieht sich auf die Ausgabe von »Aufbau einer Rolle. Laughtons Galilei« in der Reihe der Modellbücher des Berliner Ensembles, Henschelverlag, Berlin 1956, S. 60.

zoni, einen Linsenschleifer, den Galilei zum wissenschaftlichen Mitarbeiter gemacht hat, obgleich er nicht Latein verstand. Als Sarti berichtet, er sei wieder zurück in einer Werkstätte, Linsen schleifen, antwortet Galilei: »Er kann die Bücher nicht lesen«, und dann läßt L. ihn lachen. In diesem Lachen ist jedoch nicht etwa Bitterkeit gegen die Gesellschaft, welche die Wissenschaft als eine geheime den Vermögenden vorbehält, sondern ein höchst lasziver Spott über den unzulänglichen Federzoni und ein freches Einverständnis mit seiner Degradierung: diese erklärt sich einfach (und vollständig) aus seiner Unzulänglichkeit! L. wünschte so, den Gefallenen zum Provokateur zu machen. Sarti zeigt denn auch darauf sein Entsetzen, und er ergreift die Gelegenheit, dem unverschämten Widerrufer einen Schlag zu versetzen, wenn Galilei vorsichtig fragt, ob Descartes noch weiterarbeite. Er berichtet kalt, jener habe seine Untersuchungen über die Natur des Lichtes auf die Nachricht von Galileis Widerruf eingestellt. Und Galilei hatte einmal ausgerufen, er wolle gerne viele Klafter unter der Erde eingekerkert sein, wenn er dadurch erfahren könnte, was Licht sei. Hinter diese böse Auskunft legte L. eine lange Pause.

Das Recht zur Unterwerfung

Während der paar ersten Sätze, die er mit Sarti austauscht, horcht er unauffällig auf die Schritte des Beamten der Inquisition im Vorraum, der mitunter stehenbleibt, wohl um zu lauschen. Dieses unauffällige Horchen ist schwer zu machen, da es nur Sarti, aber nicht dem Zuschauer verborgen bleiben soll. Sarti deshalb, weil er sonst die bußfertigen Äußerungen des Gefangenen nicht für bare Münze nehmen würde. Galilei muß sie ihm aber als bare Münze aushändigen, damit der Gast sie, ins Ausland gelangt, umtauschen kann; denn es geht nicht an, dort das Gerücht verbreitet zu haben, der Gefangene sei unbußfertig. Aber es kommt zu einem Moment im Gespräch, wo Galilei über dieses für die feindlichen Ohren

Sprechen hinausgeht, und wo er mit Autorität und Heftigkeit seine Unterwerfung als ein Recht proklamiert. Der Befehl der Gesellschaft an ihre Mitglieder, zu produzieren, ist vage gehalten und durch keinerlei Garantie begleitet, der Produzierende produziert auf eigenes Risiko, und Galilei kann jederzeit beweisen, daß er durch seine Produktivität seinen Komfort gefährdet.

Aushändigung des Buches
Die Eröffnung, die Galilei dem Besucher über die Existenz der »Discorsi« macht, wurde von L. schnell und mit übertriebener Indifferenz gebracht; aber einem Ton, als wolle sich der alte Mann nur der bedauerlichen Frucht eines Fehltritts entledigen, unterlag ein anderer Ton: der Besorgnis, der Besucher könnte die Zumutung, das Risiko der Wegschaffung, zurückweisen. Während seiner mißlaunischen Beteuerungen, er habe das Buch nur als Sklave seiner Gewohnheit, einer durchaus lasterhaften, zu denken, verfaßt, sah der Zuschauer ihn horchen. (Da er sein Augenlicht durch das heimliche Abschreiben des von der Inquisition gefährdeten Werkes weiter verdorben hat, ist er ganz auf sein Gehör angewiesen, wenn er die Reaktion Sartis erfahren will.) Gegen Ende seines Appells zu gibt er den Gestus »lässiger Grandeur« nahezu völlig auf und beginnt beinahe, zu bitten. Die Bemerkung, daß er wissenschaftlich weitergearbeitet habe, um die Zeit totzuschlagen, gemacht, als er Sartis Begeisterung über das Werk schon dem Ausruf »Die Discorsi!« entnehmen kann, kam von L.s Lippen so unecht, daß sie niemanden täuschen konnte.
Nun ist es wichtig, zu wissen, daß Galilei, wenn er seine eigene Verurteilung der ihm untersagten Lehrtätigkeit so sehr unterstreicht, hauptsächlich sich selber zu täuschen versucht. Da seine Arbeit und vor allem ihre Auslieferung an die wissenschaftliche Welt die Reste seines Komforts bedrohen, ist er selbst leidenschaftlich gegen diese »Schwäche«, die ihn zur

DISCORSI
E
DIMOSTRAZIONI
MATEMATICHE,

intorno à due nuoue ſcienze

Attenenti alla

MECANICA & i MOVIMENTI LOCALI;

del Signor

GALILEO GALILEI LINCEO,

Filoſofo e Matematico primario del Sereniſſimo
Grand Duca di Toſcana.

Con vna Appendice del centro di grauità d'alcuni Solidi.

IN LEIDA,

Appreſſo gli Elſevirii. M. D. C. XXXVIII.

Titelseite der Erstausgabe der »Discorsi«

Katze macht, die das Mausen nicht lassen kann. Das Publikum wohnt in der Tat seiner Niederlage bei, wenn es ihn so widerwillig, aber hilflos einem Drang nachgeben sieht, den die Gesellschaft in ihm erzeugt. Sein Risiko muß er ja für größer als je halten, denn nun ist er ganz in den Händen der Inquisition, seine Bestrafung wäre nicht mehr eine öffentliche, und die Menge derer, die früher protestiert hätten, haben sich – durch seine Schuld – verlaufen. Und während die Gefahr für ihn gestiegen ist, kommt er auch noch zu spät mit seinem Beitrag, denn die ganze Astronomie ist unpolitisch geworden, eine bloße Sache der Wissenschaftler!

Wachsamkeit

Wenn der junge Physiker das neue Buch findet, auf das die Gelehrtenwelt zu warten schon nicht mehr wagt, widerruft er hastig sein Urteil über den einstigen Lehrer und beginnt, mit großer Leidenschaft eine Theorie über dessen alles entschuldigende Motive für den Verrat zu bauen. Galilei hat abgeschworen, um weiterarbeiten und der Wahrheit neue Beweisgründe zur Verfügung stellen zu können. Galilei hört ihm eine Weile zu, nur einsilbige Äußerungen einstreuend. Was er da hört, wird ungefähr alles sein, was er hoffen kann, von der Nachwelt an Anerkennung seiner schwierigen und gefährlichen Arbeit zu hören. Er scheint die schnell gebaute Theorie seines Schülers zunächst zu testen, wie jede Theorie getestet werden muß, nach ihrer Haltbarkeit. Aber er stellt schnell fest, sie ist nicht haltbar. Hier ist es, wo er, eingeschlossen in seinen Arbeitsbereich, seine Wachsamkeit gegenüber dem möglichen Lauscher zu vergessen beginnt: Er horcht nicht mehr.

Die Analyse

Der große Gegenangriff des Galilei auf die goldene Brücke wird eröffnet mit dem hämischen, alle Magnifizenz preisgebenden Ausbruch: »Willkommen im Rinnstein, Bruder in der

Wissenschaft und Vetter im Verrat! Ich habe ausverkauft, und du bist ein Käufer!« Dies ist eine der wenigen Stellen, mit denen L. Schwierigkeiten hatte. Er bezweifelte, daß der Zuschauer den Wortsinn begreifen würde, abgesehen davon, daß die Worte hier dem sonstigen Vokabular des Galilei, dem pur logischen, nicht entnommen sind. Dem Argument des Stückeschreibers, es müsse einen Gestus geben, der die Selbstverdammung des Opportunisten durch die Verdammung jener elementar anzeigt, welche die Frucht des Opportunismus akzeptieren, folgte L. nicht; noch weniger verstand er, daß der Stückschreiber bereit war, sich zu begnügen mit der Ausstellung eines im einzelnen nicht mehr rationell zu verfolgenden Zustandes. Der Verzicht auf das scheele, mühevolle Grinsen hier beraubte die Einleitung der großen Belehrungsrede der Schnödigkeit. Es kam nicht ganz heraus, daß es die niedrigste Stufe der Belehrung ist, den Unwissenden zu verhöhnen, und daß es ein häßliches Licht ist, das einer nur verbreitet, um sein Licht leuchten zu lassen. Da aber der niedrigste Ausgangspunkt fehlte, schien manchen die Höhe, welche L. in der großen Rede unzweifelhaft erklomm, nicht eigentlich meßbar, wurde der Zusammenbruch der eitlen und gewalttätig autoritativen Haltung hinein in die Bescheide des Forschenden nicht ganz sichtbar. Hat doch der theatralische Gehalt der Rede nur unmittelbar zu tun mit der schonungslosen Aufzeigung des Sündenfalls der bürgerlichen Wissenschaften am Beginn ihres Aufstiegs, der Überantwortung der wissenschaftlichen Erkenntnisse an die Herrschenden, die ermächtigt werden, »sie zu brauchen, nicht zu brauchen, zu mißbrauchen, wie es ihnen gefallen mag«. Der theatralische Gehalt ist bezogen aus dem Gesamtverlauf der Handlung, und es ist zu zeigen, wie intakt dieses perfekte Gehirn funktioniert, wenn es den Inhaber selbst zu beurteilen hat. Dieser da, sollte der Zuschauer sagen können, sitzt jetzt in einer Hölle, furchtbarer als jene des Dante, wo man die Gabe des Intellekts verspielt hat.

Hintergrund der Aufführung

Man muß wissen, unsere Aufführung fiel in die Zeit und das Land, wo eben die Atombombe hergestellt und militärisch verwertet worden war, und nun die Atomphysik in ein dichtes Geheimnis gehüllt wurde. Der Tag des Abwurfs wird jedem, der ihn in den Staaten erlebt hat, schwer vergeßlich sein.

Der japanische Krieg war es, der die Staaten wirklich Opfer gekostet hatte. Die Transporte der Truppen gingen von der Westküste aus, und dorthin kehrten die Verwundeten und die Opfer der asiatischen Krankheiten zurück. Als die ersten Blättermeldungen Los Angeles erreichten, wußte man, daß dies das Ende des gefürchteten Krieges, die Rückkehr der Söhne und Brüder bedeutete. Aber die große Stadt erhob sich zu einer erstaunlichen Trauer. Der Stückschreiber hörte Autobusschaffner und Verkäuferinnen in den Obstmärkten nur Schrecken äußern. Es war der Sieg, aber es war die Schmach einer Niederlage. Dann kam die Geheimhaltung der gigantischen Energiequelle durch die Militärs und Politiker, welche die Intellektuellen aufregte. Die Freiheit der Forschung, das Austauschen der Entdeckungen, die internationale Gemeinschaft der Forscher war stillgelegt von Behörden, denen stärkstens mißtraut wurde. Große Physiker verließen fluchtartig den Dienst ihrer kriegerischen Regierung; einer der namhaftesten nahm eine Lehrstelle an, die ihn zwang, seine Arbeitszeit auf das Lehren der elementarsten Anfangsgründe zu verschwenden, nur um nicht unter dieser Behörde arbeiten zu müssen. Es war schimpflich geworden, etwas zu entdecken.

Nachträge zu: Aufbau einer Rolle

Sinn und Sinnlichkeit

Die demonstrative Spielweise, die das Leben so abbildet, daß es der Vernunft zum Eingriff vorgelegt wird, und die den Deutschen recht doktrinär vorkommt, machte dem Engländer L. keine Schwierigkeit allgemeiner Art. Es ist unsere besondere Unsinnlichkeit, welche den Sinn so auffällig und penetrant macht, sobald er »hereingebracht« wird. Das Unsinnliche ist in der Kunst ohne weiteres auch unsinnig, und kein Sinn bleibt gesund, wenn er nicht sinnlich ist. Bei uns hat die Vernunft gleich etwas Kaltes, Gewaltsames, Mechanisches, und wir haben entweder das Leben oder die Idee, die Leidenschaft oder das Denken, das Nützliche oder das Vergnügliche. So kommt es, daß wir, unseren »Faust« aufführend, was der Bildung wegen regelmäßig geschieht, ihn jeder Sinnlichkeit entkleiden und das Publikum dadurch in eine vage Stimmung versetzen, in der es fühlt, es habe etwas mit allerhand Gedanken zu tun, ohne einen einzigen zu fassen. L. benötigte nicht einmal irgendwelche theoretische Information über den »Stil«. Er hatte genug Geschmack, um keinen Unterschied zwischen »dem Hohen« und »dem Niedrigen« machen zu müssen, und er haßte das Predigen. So vermochte er die widerspruchsvolle Person des großen Physikers in voller Leiblichkeit zu entwickeln, ohne seine eigenen Gedanken darüber zu unterdrücken oder aufzudrängen.

Ohne Bart, mit Bart

L. spielte in der kalifornischen ohne, in der New Yorker Aufführung mit Bart. Diese Reihenfolge bedeutet nichts, und es fanden darüber keine gründlichen Diskussionen statt. In derlei kann der Wunsch nach Abwechslung entscheiden. Gleichwohl ändert sich dadurch natürlich die Figur. Wie dem Stückeschreiber Zuschauer der New Yorker Aufführung berichteten und wie ein Blick auf die Bilder bezeugt, spielte L. etwas anders. Aber alles, was entscheidet, blieb, und man kann das Experiment als Beispiel dafür nehmen, wie groß doch der Spielraum ist, der dem »Persönlichen« gelassen ist.

Der Abschied

Nichts freilich konnte schauerlicher sein als der Moment, wo L. seinen Diskurs beendete und mit einem »Ich muß jetzt essen« zu Tische eilt, als habe Galilei mit der Ablieferung der Erkenntnis wiederum alles getan, was von ihm erwartet werden kann. Sein Abschied von Sarti ist kalt. Stehend versunken in den Anblick des Gänsessens, beantwortet er dessen nochmaligen Versuch, ihm seine Achtung auszudrücken, mit einem förmlichen »Besten Dank, mein Herr«. Und befreit von jeder weiteren Verantwortung, setzt er sich lustvoll zum Essen.

Nachwort

Die Aufführung des »Galilei«, vorbereitet durch mehrere Jahre und zustande gebracht durch die Opfer aller Beteiligten, wurde von kaum zehntausend Menschen gesehen. Sie wurde gezeigt in zwei kleinen Theatern, je ein dutzendmal, zuerst in Beverly Hills (Los Angeles), dann mit einer vollständig neuen Besetzung in New York. Sämtliche Vorführungen waren ausverkauft, jedoch war die große Presse schlecht. Dem standen gegenüber die anerkennenden Äußerungen von Leuten wie Charles Chaplin und Erwin Piscator und das Interesse des Publikums, welches groß genug schien, das Haus noch für geraume Zeit zu füllen; aber die möglichen Gewinne waren angesichts der hohen Rollenzahl nicht sehr groß, selbst bei ausgezeichnetem Geschäftsgang, und das

Angebot eines künstlerisch interessierten Produzenten konnte nicht angenommen werden, weil L., der schon mehrere Filmangebote zurückgewiesen und große Opfer gebracht hatte, nicht wagen konnte, ein neues Angebot dieser Art zurückzuweisen. So blieb das Ganze das Privatunternehmen eines großen Künstlers, der, seinen Unterhalt jenseits des Theaters verdienend, es sich leistete, eine großartige Arbeit für so und so viele (nicht sehr viele) Interessenten auszustellen. Diese Feststellung, so bedeutungsvoll sie sein mag, gibt freilich nicht das ganze Bild. Stücke und Aufführungen dieses neuen Typus können ihr Publikum bei der Organisationsform des amerikanischen Theaters dieser Jahre nicht erreichen. So müssen solche Aufführungen als Exempel eines Theaters betrachtet werden, das unter anderen politischen und ökonomischen Verhältnissen möglich sein könnte. Mit ihren Errungenschaften und Fehlern sind sie Studienobjekte für solche, die sich ein Theater großer Gegenstände und lohnender Schauspielkunst wünschen.

Bemerkungen zu ›Leben des Galilei‹ aus dem ›Kleinen Organon‹

44
Das lange nicht Geänderte nämlich scheint unänderbar. Allenthalben treffen wir auf etwas, das zu selbstverständlich ist, als daß wir uns bemühen müßten, es zu verstehen. Was sie miteinander erleben, scheint den Menschen das gegebene menschliche Erleben. Das Kind, lebend in der Welt der Greise, lernt, wie es dort zugeht. Wie die Dinge eben laufen, so werden sie ihm geläufig. Ist einer kühn genug, etwas nebenhinaus zu wünschen, wünschte er es sich nur als Ausnahme. Selbst wenn er, was die »Vorsehung« über ihn verhängt, als das erkennte, was die Gesellschaft für ihn vorgesehen hat, müßte ihm die Gesellschaft, diese mächtige Sammlung von Wesen seinesgleichen, wie ein Ganzes, das größer ist als die Summe seiner Teile, ganz unbeeinflußbar vorkommen – und dennoch wäre das Unbeeinflußbare ihm vertraut, und wer mißtraut dem, was ihm vertraut ist? Damit all dies viele Gegebene ihm als ebensoviel Zweifelhaftes erscheinen könnte, müßte er jenen fremden Blick entwickeln, mit dem der große Galilei einen ins Pendeln gekommenen Kronleuchter betrachtete. Den verwunderten diese Schwingungen, als hätte er sie so nicht erwartet und verstünde es nicht von ihnen, wodurch er dann auf die Gesetzmäßigkeiten kam. Diesen Blick, so schwierig wie produktiv, muß das Theater mit seinen Abbildungen des menschlichen Zusammenlebens provozieren. Es muß sein Publikum wundern machen, und dies geschieht vermittels einer Technik der Verfremdungen des Vertrauten.

49
Dies, daß der Schauspieler in zweifacher Gestalt auf der Bühne steht, als Laughton und als Galilei, daß der zeigende

Laughton nicht verschwindet in dem gezeigten Galilei, was dieser Spielweise auch den Namen »die epische« gegeben hat, bedeutet schließlich nicht mehr, als daß der wirkliche, der profane Vorgang nicht mehr verschleiert wird – steht doch auf der Bühne tatsächlich Laughton und zeigt, wie er sich den Galilei denkt. Schon indem es ihn bewunderte, vergäße das Publikum natürlich Laughton nicht, auch wenn er die restlose Verwandlung versuchte, aber es ginge dann doch seiner Meinungen und Empfindungen verlustig, welche vollkommen in der Figur aufgegangen wären. Er hätte ihre Meinungen und Empfindungen zu seinen eigenen gemacht, so daß also tatsächlich nur ein einziges Muster derselben herauskäme: er würde es zu dem unsrigen machen. Um diese Verkümmerung zu verhüten, muß er auch den Akt des Zeigens zu einem künstlerischen machen. Um eine Hilfsvorstellung zu benutzen: wir können die eine Hälfte der Haltung, die des Zeigens, um sie selbständig zu machen, mit einer Geste ausstatten, indem wir den Schauspieler rauchen lassen und ihn uns vorstellen, wie er jeweils die Zigarre weglegt, um uns eine weitere Verhaltungsart der erdichteten Figur zu demonstrieren. Wenn man aus dem Bild alles Hastige herausnimmt und sich das Lässige nicht nachlässig denkt, haben wir einen Schauspieler vor uns, der uns sehr wohl unsern oder seinen Gedanken überlassen könnte.

63

Gehen wir, um zum gestischen Gehalt zu kommen, die Anfangsszenen eines neueren Stückes durch, meines »Leben des Galilei«. Da wir auch nachsehen wollen, wie die verschiedenen Äußerungen Licht aufeinander werfen, wollen wir annehmen, es handle sich nicht um die erste Annäherung an das Stück. Es beginnt mit den morgendlichen Waschungen des Sechsundvierzigjährigen, unterbrochen durch Stöbern in Büchern und eine Lektion für den Knaben Andrea Sarti über das neue Sonnensystem. Mußt du nicht wissen, wenn du das machen sollst, daß wir schließen werden mit dem Nachtmahl des Achtundsiebzigjährigen, den eben derselbe Schüler für immer verlassen hat? Er ist dann schrecklicher verändert, als diese Zeitspanne es hätte zuwege bringen können. Er frißt mit haltloser Gier, nichts anderes mehr im Kopf, er ist seinen Lehrauftrag auf schimpfliche Weise losgeworden wie eine Bürde, er, der einst seine Morgenmilch achtlos getrunken hat, gierig, den Knaben zu belehren. Aber trinkt er sie wirklich ganz achtlos? Ist sein Genuß an dem Getränk und der Waschung nicht eins mit dem an den neuen Gedanken? Vergiß nicht: er denkt der Wollust wegen! Ist dies etwas Gutes oder etwas Schlechtes? Ich rate dir, da du im ganzen Stück darüber nichts der Gesellschaft Nachteiliges finden wirst, und besonders, da du doch selber, wie ich hoffe, ein tapferes Kind des wissenschaftlichen Zeitalters bist, es als etwas Gutes darzustellen. Aber notiere es deutlich, viel Schreckliches wird in dieser Sache passieren. Daß der Mann, der hier das neue Zeitalter begrüßt, am Ende gezwungen sein wird, dieses Zeitalter aufzufordern, daß es ihn mit Verachtung von sich stoße, wenn auch enteigne, wird damit zu tun haben. Was die Lektion anlangt, magst du übrigens entscheiden, ob bloß, dem das Herz voll ist, das Maul überläuft, so daß er zu jedem davon reden würde, selbst zu einem Kinde, oder ob das Kind ihm das Wissen erst entlocken muß, indem es, ihn kennend, Interesse zeigt. Es können auch zwei sein, die sich nicht enthalten können, der eine zu fragen, der andere zu antworten; solch eine Brüderschaft wäre interessant, denn sie wird einmal böse gestört werden. Freilich wirst du die Demonstration des Erdumlaufs mit einer Hast vornehmen wollen, da sie nicht bezahlt wird, denn nun tritt der fremde, wohlhabende Schüler auf und verleiht der Zeit des Gelehrten Goldwert. Er zeigt sich nicht interessiert, aber er muß bedient werden, ist Galilei doch mittellos, und so wird er zwischen dem wohlhabenden Schüler und dem intelligenten stehen und seufzend wählen. Er kann den Neuen nicht viel lehren, so läßt er sich von ihm belehren; er erfährt vom Teleskop, das in Holland erfunden worden ist: in seiner Weise verwendet er die Störung des Morgenwerks. Der Kurator der Universität kommt. Galileis Eingabe um Erhöhung des Gehalts ist abgeschlagen worden, die Universität zahlt nicht gern für physikalische Theorien, was sie für theologische bezahlt, sie wünscht von ihm, der sich schließlich auf einer niedrig angesetzten Ebene der Forschung bewegt, Nützliches für den Tag. Du wirst an der Art, wie er seinen Traktat anbietet, bemerken, daß er die Zurück- und Zurechtweisungen gewohnt ist. Der Kurator verweist ihn darauf, daß die Republik die Freiheit der Forschung gewährt, wenn auch schlecht bezahlt; er erwidert, daß er mit dieser Freiheit wenig anfangen kann, wenn er nicht die Muße hat, die gute Bezahlung verschafft. Da wirst du gut tun, seine Ungeduld nicht allzu herrisch zu finden, sonst kommt seine Armut zu kurz. Denn du triffst ihn kurz darauf bei Gedanken, die einiger Erklärung bedürfen: der Verkünder eines neuen Zeitalters der wissenschaftlichen Wahrheiten erwägt, wie er die Republik um Geld betrügen kann, indem er ihr das Teleskop als eine Erfindung anbietet. Nichts als ein paar Skudi, wirst du erstaunt sehen, sieht er in der neuen Erfindung, die er lediglich untersucht, um sie sich anzueignen. Gehst du aber weiter, zur zweiten Szene, wirst du entdecken, daß er, die Erfindung an die Signoria von Venedig mit einer durch ihre Lügen entwürdigenden Rede verkaufend, dieses Geld schon beinahe vergessen hat, weil er neben der militärischen noch eine astronomische Bedeutung des Instruments ausgefunden hat. Die Ware, die herzustellen man ihn erpreßt hat – nennen wir es doch jetzt so –, zeigt eine hohe Qualität für eben die Forschung, die er unterbrechen mußte, um sie herzustellen. Wenn er während der Zeremonie, die unverdienten Ehrungen geschmeichelt entgegennehmend, dem gelehrten Freund die wunderbaren Entdeckungen andeutet – überspring da nicht, wie theatralisch er das tut –, wirst du einer viel tieferen Erregung bei ihm begegnen, als die Aussicht auf den geldlichen Gewinn bei ihm auslöste. Wenn jedoch, so betrachtet, seine Scharlatanerei nicht sehr viel bedeutet, zeigt sie doch an, wie entschlossen dieser Mann ist, den leichten Weg zu gehen und seine Vernunft in niedriger wie in hoher Weise zu verwenden. Eine bedeutsamere Prüfung steht bevor, und macht nicht jedes Versagen ein weiteres Versagen leichter?

69

Alle Vormärsche nämlich, jede Emanzipation von der Natur in der Produktion, führend zu einer Umgestaltung der Gesellschaft, alle jene Versuche in neuer Richtung, welche die Menschheit unternommen hat, ihr Los zu bessern, verleihen uns, ob in den Literaturen als geglückt oder mißglückt geschildert, ein Gefühl des Triumphs und des Zutrauens und verschaffen uns Genuß an den Möglichkeiten des Wandels aller Dinge. Dies drückt Galilei aus, wenn er sagt: »Es ist meine Ansicht, daß die Erde sehr nobel und bewundernswert ist, angesichts so vieler und verschiedener Änderungen und Generationen, welche unaufhörlich auf ihr vorkommen.«

71

Den allgemeinen Gestus des Zeigens, der immer den besonderen gezeigten begleitet, betonen die musikalischen Adressen an das Publikum in den Liedern. Deshalb sollten die Schauspieler nicht in den Gesang »übergehen«, sondern ihn deutlich vom übrigen absetzen, was am besten auch noch durch eigene theatralische Maßnahmen, wie Beleuchtungswechsel oder Betitelung, unterstützt wird. Die Musik muß sich ihrerseits durchaus der Gleichschaltung widersetzen, die ihr gemeinhin zugemutet wird und die sie zur gedankenlosen Dienerin herabwürdigt. Sie »begleite« nicht, es sei denn mit Komment. Sie begnüge sich nicht damit, sich »auszudrücken«, indem sie sich einfach der Stimmung entleert, die sie bei den Vorgängen befällt. So hat etwa Eisler vorbildlich die

Verknüpfung der Vorgänge besorgt, indem er zu der Fastnachtsszene des »Galilei«, dem Maskenzug der Gilden, eine triumphierende und bedrohliche Musik machte, welche die aufrührerische Wendung anzeigt, die das niedere Volk den astronomischen Theorien des Gelehrten gab. Ähnlicherweise entblößt im »Kaukasischen Kreidekreis« eine kalte und unbewegte Singweise des Sängers, der die auf der Bühne pantomimisch dargestellte Rettung des Kindes durch die Magd beschreibt, die Schrecken einer Zeit, in der Mütterlichkeit zu selbstmörderischer Schwäche werden kann. So kann sich die Musik auf viele Arten und durchaus selbständig etablieren und in ihrer Weise zu den Themen Stellung nehmen, jedoch kann sie auch lediglich für die Abwechslung in der Unterhaltung sorgen.

72

Wie der Musiker seine Freiheit zurückbekommt, indem er nicht mehr Stimmungen schaffen muß, die es dem Publikum erleichtern, sich haltlos den Vorgängen auf der Bühne hinzugeben, so bekommt der Bühnenbildner viel Freiheit, wenn er beim Aufbau der Schauplätze nicht mehr die Illusion eines Raumes oder einer Gegend erzielen muß. Da genügen Andeutungen, jedoch müssen sie mehr geschichtlich oder gesellschaftlich Interessantes aussagen, als es die aktuale Umgebung tut. Im Moskauer Jüdischen Theater verfremdete ein an ein mittelalterliches Tabernakel erinnernder Bau den »König Lear«; Neher stellte den »Galilei« vor Projektionen von Landkarten, Dokumenten und Kunstwerken der Renaissance; im Piscator-Theater verwendete Heartfield im »Tai yang erwacht« einen Hintergrund von drehbaren beschrifteten Fahnen, welche den Wandel der politischen Situation notierten, der den Menschen auf der Bühne mitunter nicht bekannt war.

1947

Bühnenbildentwurf von Caspar Neher (3. Szene)

Bühnenbildentwurf von Caspar Neher (12. Szene)

Vorbereitung der Aufführung

[NOTIZ ÜBER ZWEI GESPRÄCHE MIT NEHER ÜBER »LEBEN DES GALILEI«]

Die auf italienische Art leicht aufmontierte und als leicht aufmontiert erkennbare Bühne. Nichts Steinernes, Wuchtiges, Massives. Keine Interieurs.
Farbe von den Kostümen her, also in Bewegung.
Die Bühne zeigt das Milieu Galileis, in zeitgenössischen Zeugnissen (technische Handzeichnungen Lionardos, die Wölfin mit Romulus und Remus, ein Kriegsschiff aus dem Arsenal von Venedig usw.)
Keine Projektionen, da die Bühne dann nicht voll beleuchtet werden kann. Eventuell riesige Fotos, edel aufgehängt. Steinboden.
3. und 5. Oktober 1955

[ÜBER DEN KARDINAL INQUISITOR, DEN LUDOVICO UND DEN HOFMARSCHALL]

Lieber B.,
Ihr Interesse an der Rolle des Großinquisitors finde ich völlig verständlich, und es ist eine ganz besondere Überlegung, die mich veranlaßt, die Rolle mit einem anderen Darstellertypus zu besetzen.
Wenn es sich für uns darum handelt, in dem Großinquisitor das Starre, Konservative, Protzige der kirchlichen Bürokratie verkörpert zu sehen, wenn der Großinquisitor von vornherein dem Zuschauer als eine Persönlichkeit gezeigt werden sollte, die sich laut ihres Amtes der geistigen Entwicklung entgegenstellt, wäre das *eine* Sache, eine andere ist es, in dem

Großinquisitor einen modernen, wendigen, in allen Formulierungen durchaus einleuchtenden Jesuiten zu sehen, einen noch jungen Mann, der dank seiner großen Fähigkeiten Karriere machen würde, eine beinahe Stendhalsche Figur, nicht ohne »Sex-Appeal«.

Lieber B.,
Ich glaube, Sie würden den Ludovico brillant spielen können, wenn er komisch sein dürfte, aber das darf er nicht, schließlich muß er in der Auseinandersetzung über Galileis Entschluß, seine für die herrschende Klasse Italiens gefährliche Arbeit wieder aufzunehmen, ein durchaus ernst zu nehmender Gegner sein. Damit verweise ich Sie natürlich nicht einfach auf das Fach des Komischen, aber der Ludovico enthält tatsächlich zuviel Verführung zum Komischen, als daß man in dieser Rolle einen ersten Versuch in diesem Fach machen könnte.

Lieber T.,
Ich muß darauf achten, daß die Gegner Galileis, die Kirchenfürsten und Hofleute, so positiv wie möglich dargestellt werden. Sonst mache ich es dem Galilei zu leicht. Sie würden aber zweifellos den Hofmarschall des Mediceischen Hofes kaum anders als sehr kritisch darstellen.
27. Dezember 1955

Zwei Aufsätze über Brechts ›Leben des Galilei‹

Käthe Rülicke
Bemerkungen zur Schlußszene

In der 13. Szene[1] zeigt Brecht seinen Galileo Galilei als eitlen bösartigen alten Mann: Er hat widerrufen, er ist gefangen, er ist demoralisiert. Freilich, er liefert die »Discorsi« – aber die Leistung besteht im Vorhandensein des unter Entbehrungen geschriebenen Buches, nicht in der – zufälligen – Übergabe. Er hat eine neue Physik aufgebaut, aber er hat die produktive Verwendbarkeit dieser Physik erschwert; er wurde zum Schöpfer neuer Produktivkräfte, aber er wurde zu ihrem sozialen Verräter; er hat die revolutionäre Theorie geliefert, aber er hat die Praxis nicht geschafft. Auch wenn er die Analyse seines Falles liefert, eine Warnung für die Kommenden, das Werk kann den Schaden nicht aufwiegen, den sein Verrat der Gesellschaft zugefügt hat. Die Übergabe des Buches, aus Eitelkeit, bleibt Dienst an der Gesellschaft, die in der Person des Andrea Sarti die »Discorsi« abfordert. Und doch, mit Recht: »Ein Mensch, der das tut, was ich getan habe, kann in den Reihen der Wissenschaft nicht geduldet werden.«[2]

Alle Fragen, die Brecht in den ersten zwölf Szenen seines »Leben des Galilei« stellt, beantwortet er in der Schlußszene, der gewichtigsten und schönsten des Stückes, freilich nicht, ohne damit zahlreiche neue Fragen aufzuwerfen.

Da ist, einer der Drehpunkte des Stückes, die große Selbstverurteilung des Galilei: Demonstration eines blendenden Gehirns und, eben durch die exakte Analyse, zynisches Eingeständnis eines sozialen Verbrechens. Trotzdem: »Das Stück zeigt den Anbruch einer neuen Zeit und versucht, einige

1 Die 13. Szene ist die Schlußszene der Bühnenfassung. Sie entspricht der 14. Szene in der Ausgabe des Suhrkamp-Verlages.

2 An dieser Stelle zitiert die Verfasserin Brechts Anmerkungen über die »Begrüßung einer neuen Zeit«, s. S. 9 dieses Bandes.

Vorurteile über den Anbruch einer neuen Zeit zu revidieren«, und: »›Das Leben des Galilei‹ ist keine Tragödie«, beantwortet Brecht die Frage, ob man sich, »was den Grundton betrifft, an die *Begrüßung der neuen Zeit* durch Galilei in der ersten Szene oder an gewisse Partien der dreizehnten Szene halten solle«[1].

Also setzt Brecht für das Stück die *Begrüßung der neuen Zeit* durch Galilei: »Denn die alte Zeit ist herum, und es ist eine neue Zeit. Seit hundert Jahren ist es, als erwartete die Menschheit etwas. Die Städte sind eng, und so sind die Köpfe. Aberglauben und Pest. Aber jetzt heißt es: da es so ist, bleibt es nicht so. Denn alles bewegt sich, mein Freund.«

Galilei hat widerrufen. Galilei ist gefangen. Galilei ist demoralisiert. Galilei verurteilt sich selbst. Und doch zeigt Brecht auch in der 13. Szene die Begrüßung der neuen Zeit: sie ist gleichzeitig eine Weiterführung der ersten Szene und eine Gegenüberstellung, gleichzeitig die Zusammenfassung des ganzen Stückes, die Fabel noch einmal auf neue Weise erzählend, gleichzeitig Kommentar und Verurteilung des Verrates und Erklärung dessen, was es auf sich hat mit der neuen Zeit.[2]

Wir begegnen dem erwachsenen Andrea Sarti – Wissenschaftler jetzt, selbst Lehrer und Forscher –, wie er eine neue Ethik baut, strahlend Galileis vermeintlichen Triumph über die Machthaber, die List, als Sieg feiernd: »Sie versteckten die Wahrheit. Vor dem Feind. Auch auf dem Gebiet der Ethik waren Sie uns um Jahrhunderte voraus.« Aber es stellt sich heraus, daß die goldene Brücke nicht begehbar ist für die Wissenschaft: Galilei hat aus Angst widerrufen. Nicht das Gewonnene, sondern das noch zu Erreichende, die Pioniersituation, das Beginnen, das was zur Veränderung drängt und der Änderung bedarf, kennzeichnet die neue Zeit. »Ich

1 S. S. 13 dieses Bandes.
2 Vgl. dazu S. 7 f. dieses Bandes.

möchte auch Physiker werden, Herr Galilei«, hatte der Knabe, zwanzig Jahre zuvor (1. Szene), gesagt, und: »Das glaube ich, angesichts der Unmenge von Fragen, die es auf unserem Gebiet noch zu klären gibt«, hatte Galilei lachend (da ist wieder einer, der dem Denken nicht widerstehen kann) geantwortet. Nicht die Antworten, sondern die Fragen, nicht das Erreichte, sondern der Zweifel am Erreichten zeigen, daß »eine neue Zeit angebrochen ist, ein großes Zeitalter, in dem zu leben eine Lust ist«.

Drei Fassungen des Stückes

I
Die erste Fassung des Stückes schrieb Brecht 1938/39 in Dänemark, sie wurde bei Suhrkamp als Bühnenmanuskript herausgegeben und 1943 in Zürich gespielt. »Die Zeitungen hatten die Nachricht von der Spaltung des Uran-Atoms durch deutsche Physiker gebracht.«

II
Die amerikanische Fassung, 1945/46 geschrieben, d. h. bei der Übersetzung ins Englische von Brecht zusammen mit Charles Laughton, dem amerikanischen Darsteller des Galilei, er- und bearbeitet, wurde 1947 in Beverly Hills in Kalifornien und 1948 in New York gespielt. »Das ›atomarische Zeitalter‹ machte sein Debut in Hiroshima in der Mitte unserer Arbeit. Von heute auf morgen las sich die Biographie des Begründers der neuen Physik anders.«[1]

III
Die dritte Fassung schließlich, ausgehend von der 1955 erschienenen Rückübersetzung, entstand während der dreimo-

1 S. S. 10 dieses Bandes.

natigen Proben Brechts auf der Bühne des Schiffbauerdammtheaters, angesichts der Drohung von H- und Kobalt-Bomben neun Jahre später den Konflikt Galileis mit der Obrigkeit, sein soziales Versagen und seine Selbstverurteilung noch einmal verschärfend. Sie enthält keine neuen Texte, sondern nur Striche, aber sie bedarf der Regie-Anmerkungen Brechts, um vollständig zu sein.

Der Schwerpunkt der Änderungen lag jedesmal in der 13. Szene. Neben den dramaturgischen Veränderungen, zum Beispiel der Verlegung der Selbstverurteilung Galileis an den Schluß, wodurch sie als Verhöhnung der »neuen Ethik« Andreas kommt, wurde der Text auch wesentlich konzentriert. Als Beispiel die Replik über *die neue Zeit*[1]:

I (1938)

ANDREA [Ja, nun gehe ich. Ich sehe, es ist, als ob ein Turm einstürzte von ungeheurer Höhe und für unerschütterlich gehalten. Der Lärm des Einsturzes war weit lauter als das Lärmen der Bauleute und der Maschinen während der ganzen Zeit seines Aufbaus, und die Staubsäule, die sein Einsturz erzeugte, höher, als er selber gewesen war. Aber möglicherweise zeigt es sich, wenn sich der Staub verzieht, daß die zwölf oberen Stockwerke gefallen sind, aber die dreißig unteren noch stehen. Der Bau könnte dann weitergeführt werden. Ist es das, was Sie meinen? Dafür spräche, daß ja die Unstimmigkeiten in unserer Wissenschaft alle noch vorhanden sind, und sie wurden gesichtet. Die Schwierigkeit scheint gewachsen, aber die Notwendigkeit ist ebenfalls größer geworden. Ich bin froh, daß ich hergekommen bin.]

Er streckt Galilei die Hand hin.

1 Die in eckige Klammern gestellten Sätze wurden in der jeweils nächsten Fassung weggelassen.

GALILEI *nimmt sie nicht. Unsicher:* [Mein Augenlicht ist schlecht, Andrea. Ich sehe nicht mehr, ich glotze nur noch. Geh jetzt ... Ich bin froh, daß ich dich so gefunden habe, wie du bist. Einige Erlebnisse hätten dich zu einer ganz falschen Ansicht bringen können über das, was wir immer die Zukunft der Vernunft genannt haben ...] Ich bleibe auch dabei, daß dies eine neue Zeit ist. Sollte sie aussehen wie eine blutbeschmierte alte Vettel, so sähe eben eine neue Zeit so aus. Der Einbruch des Lichts erfolgt in die allertiefste Dunkelheit. [Während an einigen Orten die größten Entdeckungen gemacht werden, welche die Glücksgüter der Menschen unermeßlich vermehren müssen, liegen sehr große Teile der Welt ganz im Dunkel. Die Finsternis hat dort sogar noch zugenommen.] Nimm dich in acht, wenn du durch Deutschland fährst und die Wahrheit unter dem Rock trägst.

Andrea geht hinaus.

GALILEI ... Als er mir die Hand reichte, dachte ich daran, daß er jetzt selber lehrt. Wie ist die Nacht?

VIRGINIA Hell.

II (1947)

ANDREA Und ist es jetzt Ihre Meinung, daß die neue Zeit eine Täuschung war?

GALILEI [Nun, sie sah sicherlich aus wie eine alte Vettel, beschmiert mit Blut. Aber dann sehen vielleicht neue Zeiten aus wie blutbeschmierte Vetteln. Der Einbruch des Lichts erfolgt in die allertiefste Dunkelheit.] Nimm dich in acht, wenn du durch Deutschland fährst und die Wahrheit unter dem Rock hast.

...

VIRGINIA Warum hast du seine Hand nicht genommen?

GALILEI Er lehrt jetzt. Wie ist die Nacht?

VIRGINIA Hell.

Brecht hat auch die Replik über »die Teile der Welt, die ganz im Dunkel liegen, wo die Finsternis sogar noch zugenommen hat« gestrichen. Deutschland lebte nicht mehr in der Nacht des Faschismus, und es war zu hoffen, daß die neue Zeit dort wirklich angebrochen war. Freilich ließ Brecht den Satz »Gib acht auf dich, wenn du durch Deutschland kommst, die Wahrheit unter dem Rock« stehen, und er sagte auf der Probe belustigt: »Es ist gefährlich, in Deutschland aufzutauchen mit der Wahrheit unter der Jacke, immer wieder mal, das ist eine Tatsache seit den Bauernkriegen. Man muß vorsichtig sein, wenn man die Wahrheit äußert.«

III (1955)

Andrea hält ihm die Hand hin. Galilei sieht die Hand, ohne sie zu nehmen.

[GALILEI Du lehrst jetzt selber. Kannst du es dir leisten, eine Hand wie die meine zu nehmen? . . .]

ANDREA Sind Sie nicht mehr der Meinung, daß ein neues Zeitalter angebrochen ist?

GALILEI Doch. Gib acht auf dich, wenn du durch Deutschland kommst, die Wahrheit unter dem Rock.

Virginia geleitet Andrea hinaus.

In der 1955 gedruckten Fassung läßt Brecht Galilei nur noch ein einziges Wort, um den Anbruch der neuen Zeit zu bestätigen: »Doch.« Freilich ist die Begründung dafür in der Selbstverurteilung Galileis gegeben; die Mühe und der Spaß, sie aufzufinden, bleiben dem Leser.

Bei der Inszenierung des Stückes, 1956, hat Brecht auch noch die Sätze des Galilei: »Du lehrst jetzt selber. Kannst du es dir leisten, eine Hand wie die meine zu nehmen?« gestrichen. Galilei übersieht die Hand Andreas, und der tieferschütterte Andrea, der kaum sprechen kann, wird auch dadurch zu der Frage nach der neuen Zeit provoziert. Die Antwort für die Bühnenfassung blieb: »Doch.«

Die Szenenüberschrift der ersten Fassung besagt: »Als Gefangener der Inquisition setzt Galilei bis zu seinem Tode seine wissenschaftlichen Arbeiten fort. Es gelingt ihm, seine Hauptwerke aus Italien hinauszuschmuggeln.«
In der zweiten Fassung heißt es nur noch: »Galileo Galilei lebt in einem Landhaus in der Nähe von Florenz, bis zu seinem Tode ein Gefangener der Inquisition.«
Dementsprechend fiel in Amerika der Anfang der Szene weg. Wenn auch das Mißtrauen des Galilei bewachenden Mönches blieb, ist die Begründung gestrichen: »Es ist nahezu sicher, daß von hier Manuskripte hinausgeschmuggelt werden. Schon die Dialoge über die zwei größten Weltsysteme sind von hier nach Holland geschmuggelt worden, vergessen Sie das nicht. Und jetzt ist wieder ein Brief nach Straßburg abgefangen worden, in dem ein Manuskript gemeldet wird.«
Gestrichen ist ein Gespräch mit dem Hafner, der Galileis Kamin repariert und bei dieser Gelegenheit die Manuskripte hinausschmuggelt; gestrichen ist, daß Galilei dem Arzt gegenüber fortschreitende Erblindung vortäuscht, um so unbeobachteter schreiben zu können.
Zwei verschiedene Figuren also zu Beginn der zwei Fassungen: In der ersten (1938) ist Galilei ein listiger alter Mann, der die Erblindung übertreibt, um seine Wissenschaft weiterführen zu können. Die Ergebnisse schmuggelt er, in Konspiration mit dem Hafner, ins Ausland. Sein Widerruf hatte ihm die Möglichkeit verschafft, ein wissenschaftliches Werk zu schreiben.
Die zweite Fassung (1947) zeigt Galilei als alten halbblinden Mann, der dem Trieb, zu forschen, nicht widerstehen kann. Er betreibt die Wissenschaft wie ein Laster, heimlich, aber ohne ein augenscheinliches Ziel. Er hat widerrufen aus Feigheit; das wissenschaftliche Werk wiegt das soziale Versagen nicht auf. Die folgende Gegenüberstellung läßt den

gestrichenen Teil – Konspiration mit dem Hafner – unberücksichtigt. Sie beginnt mit der 1955 gedruckten Fassung:

I. – *Dänemark*	II. – *Amerika und Berlin*
Galilei experimentiert. Ein Bauer gibt im Auftrag eines Durchreisenden, der seinen Namen nicht genannt hat, zwei Gänse ab.	Der gleiche Vorgang wird benutzt, um zu demonstrieren, daß Galilei, der die Gänse nicht erkennt, schlecht sehen kann.
Virginia liest aus der Einleitung der »Discorsi« vor, »die kleine Erörterung, die der Untersuchung der Frage vorausgeht, warum zu große Maschinen leicht zerbrechen«.[1]	Virginia veranlaßt Galilei, »ein Stückchen weiter an unserem wöchentlichen Brief an den Erzbischof« zu diktieren. Die Tochter wird als Gegnerin des Vaters gezeigt; sie siegt über seine Bitte, ihm Horaz vorzulesen.
Auftritt Andrea. Galilei, froh über den Besuch, läuft zu seiner Begrüßung hinaus: Du bist willkommen.	Virginias Ankündigung, daß Andrea gekommen ist, beantwortet Galilei, nach einer Pause, zu ihrer Überraschung mit: »Führ ihn herein.«
Andrea täuscht vor, daß er sich im Auftrag Berneggers aus Straßburg nach Galileis Befinden erkundigen solle. Er berichtet, daß Galileis Unterwerfung gewirkt habe: es wurden keine Werke mit neuen Behauptungen mehr	Vorgang gleich (statt Bernegger »Fabrizius aus Amsterdam«).

1 Im Original-Manuskript liest Virginia aus Montaigne, »von dem Franzosen, der nicht an das Denken glaubt«.

veröffentlicht, seit sich Galilei unterwarf. »Ihr Name ist auf den Lippen aller derer, die in dem ungehemmten Fortschritt der Naturwissenschaften eine Bedrohung der allgemeinen Ordnung sahen.«

Um Andrea zum Erzählen zu provozieren, bedauert Galilei, daß es »leider Länder gibt, die sich der Obhut der Kirche entziehen«, in denen die verurteilten Lehren also weitergefördert werden. Andrea verneint dies.

Vorgang gleich. Galilei erfährt außerdem, daß auch Descartes seinen »Traktat über die Natur des Lichts« in die Lade gestopft habe, daß auch seine früheren Schüler nicht mehr arbeiten: Der Mönch ist in den Schoß der Kirche zurückgekehrt, Federzoni schleift wieder Linsen, Andrea will nach Holland gehen, um arbeiten zu können.

Bis hierher ist die Szene gleich gebaut, nur sozial verschärft. Virginia, die zu belehren Galilei versäumt hat, ist in beiden Fassungen zum Spitzel der Inquisition geworden. In der zweiten Fassung wird sie außerdem als Gegnerin des Vaters gezeigt, die ihren Willen gegen den seinen durchsetzt; gerade dadurch wird ein Bedauern darüber hervorgerufen, daß sich Galilei einen Spitzel statt eines Mitarbeiters erzogen hat. Die Nachricht, daß auch Descartes seinen »Traktat über die Natur des Lichts« in die Lade gestopft habe, zeigt das Verbrechen Galileis in einem verschärften Licht, sagte er doch in der 7. Szene der Bühnenfassung, in dem Gespräch mit dem kleinen Mönch: »Ich denke manchmal: ich ließe mich zehn Klafter unter der Erde in einen Kerker einsperren, in den kein Licht mehr dringt, wenn ich dafür erführe, was das ist: Licht.«

Vom Gespräch über die Gründe von Galileis Widerruf ab sind die beiden Fassungen dramaturgisch völlig verschieden gebaut:

I	II
Andreas Frage nach dem Grund von Galileis Widerruf enthält die Ansätze der späteren »Galilei«-Legende: »Einige Ihrer früheren Freunde bestanden darauf, Sie hätten widerrufen der Dienste wegen, die Sie der Physik, am Leben bleibend, noch erweisen zu können hofften.« In einer langen Erklärung (etwa 65 Zeilen) des Phänomens der Autorität in der Wissenschaft zerstört Galilei diese Vorstellung: »Nach sorgfältiger Erwägung aller Umstände, der entschuldigenden wie der anderen, kann man nicht der Meinung sein, daß jemand aus irgendeinem anderen Grunde zu einem solchen Gehorsam finden könnte als aus einer zu großen Furcht vor dem Tode ...«	Dieses Gespräch wurde gestrichen. Andrea ist also noch völlig im unklaren, was Galilei zum Widerruf bewogen hat.

Galilei gibt, im Bewußtsein, daß sein Widerruf immerhin seine wissenschaftlichen Arbeiten ermöglichte, eine Analyse seines Verhaltens: »Ich habe mir ... überlegt, wie in den Augen der wissenschaftlichen Welt, der ich ja nicht mehr angehöre, wenn ich auch noch einige ihrer Gedankengänge kenne, mein Verhalten *erscheinen muß...«* Er verurteilt sein soziales Versagen und schließt: »das ist der Grund, warum die Wissenschaft einen Menschen wie mich nicht in ihren Reihen dulden kann«.

Galilei gesteht, daß er noch ein Buch geschrieben habe, »ein gefährlicher Irrtum«, denn »ich geriet bei dem Versuch, die absolute Richtigkeit der kirchlichen Meinungen mit Gründen zu versehen, wieder ins Forschen, denn mein Fleisch ist schwach«.

Galilei, der Virginia hinausgeschickt hat, wirft Andrea vor, daß er ihn in seiner Ruhe aufstöre, »ich habe ohnedies meine Rückfälle«. Er hört sich sagen: »Ich schrieb die ›Discorsi‹ fertig«, ein unfreiwilliges Geständnis, hervorgerufen durch den zufälligen Besuch Andreas und durch die eigene Eitelkeit.

Mit dem Hinweis, daß er leider noch die Notizen zu diesem Werk habe, »sie liegen in meinem Globus, niemand beachtet ihn«, will Galilei die Anwesenheit Andreas benutzen, ihn zu veranlassen, das Werk zu stehlen (da der Versuch, es durch den Hafner hinauszuschmuggeln, eben mißglückte).

Dreimal provoziert Galilei Andrea, die Manuskripte zu stehlen, ehe sie dieser an sich nimmt:
»Ich lebe in ständiger Furcht, daß diese Schrift irgendwie in unrechte Hände kommen und im Ausland gelesen werden könnte ...«
»Aber sicher wäre so etwas nicht möglich ohne Sie ...«
»Gegen meinen Willen, mein Lieber, gegen meinen Willen. Ich bin ein alter Mann, und es ist leicht, mir alles wegzunehmen ...«
»Aber man bewacht Sie doch wohl genügend ...«
»Das ist leider nicht der Fall ...«
Gespräch über die neue Zeit (siehe Seite 94):
»Sollte sie aussehen wie eine blutbeschmierte alte Vettel, so sähe eben eine neue Zeit so aus.«

Die Verzweiflung Andreas, »zwei neue Wissenszweige so gut wie verloren«, und seine eigene Eitelkeit verführten Galilei zu dem Geständnis, daß er eine Abschrift angefertigt habe, und wie er sich vorher sagen hörte, er habe wieder geschrieben, kann er auch diesmal nicht widerstehen: er übergibt Andrea die »Discorsi«.

Andrea ab.

Für Andrea ist jetzt alles anders. Für ihn hat Galilei widerrufen, um Zeit zu gewinnen: »Sie versteckten die Wahrheit. Vor dem Feind. Auch auf dem Felde der Ethik waren Sie uns um Jahrhunderte voraus.« Und der begeisterte Andrea baut leidenschaftlich seine Theorie: die Ethik der neuen Zeit.

Befreit von Vorurteilen, verwirft er seine bisherige Vorstellung, daß die Wissenschaft Tapferkeit brauche; zur Beute seiner Gefühle geworden, liefert er Galilei Motive zur Rechtfertigung des Verrates, webt an der Legende: Für die Wissenschaft zählt nur das abgelieferte Werk.

Galilei zerstört diesen Mythos: »Ich habe widerrufen, weil ich den körperlichen Schmerz fürchtete.«

Er beweist dem ehemaligen Schüler in einer exakten Analyse seines Falles, daß sein Gehirn noch immer das bessere ist, er analysiert, »wie die Welt der Wissenschaften meinen Fall *zu beurteilen haben wird*«:

Er ist ein Förderer der Wissenschaften und ein sozialer Verbrecher – das wissenschaftliche Werk wiegt das soziale Versagen nicht auf: »Ein Mensch, der das tut, was ich getan habe, kann in den Reihen der Wissenschaft nicht geduldet werden«.

Die Frage des völlig gebrochenen Andrea, ob er nicht mehr der Meinung sei, »daß ein neues Zeitalter angebrochen ist«, beantwortet Galilei: »Doch.«

Auf Galileis Frage: »Wie ist die Nacht?« und Virginias Antwort: »Hell«, folgt der Satz: »Das ist gut, da kann er seinen Weg sehen.«

Die Szene schließt mit Virginias Antwort: »Hell.«

Die Proben

Brecht leitete vom 14. Dezember 1955 bis zum 27. März 1956 insgesamt 59 Proben. Er probierte, wegen seiner angegriffenen Gesundheit, nur zwei Stunden am Tag und niemals mehr als zwei Szenen, meistens nur eine. Nebenher liefen Bauproben, Modellbesprechungen, Besprechungen mit den Schauspielern, der Dramaturgie, der Technik. Mit neun Proben war die 13. Szene (neben der ersten mit elf) die meistprobierte.[1]

1 Vgl. dazu S. 39 dieses Bandes.

Diese Notierungen müssen sich notwendigerweise mit dem Prozeß der Herstellung befassen, und zwar in einer Phase, in der das »Besondere des menschlichen Zusammenlebens« auch von den Produzierenden – Schauspieler und Regisseur – noch herausgefunden werden mußte, um es darstellen zu können. Das »Leben des Galilei« ist zwar ein historisches Stück hinsichtlich der Zeit, in der es spielt, aber seine Aussage ist keineswegs historischer Art, sondern aktuell
Brecht benutzte die Historie, um die aktuelle Aussage zu verfremden. Andererseits mußten auch die Zeit und die Figur Galileis verfremdet werden, um die aktuelle Aussage deutlich zu machen. Dadurch entsteht zugleich mit der Erkenntnis der Aktualität des Vorganges – der auch heute gültigen und notwendigen Verantwortlichkeit des Wissenschaftlers vor der Gesellschaft – eine Entlegendarisierung der Figur Galileis: es wird deutlich, daß er kein Held war, sondern sozial versagte.[1]
Nicht der »Charakter« des Galilei also verdient Interesse, sondern sein soziales Verhalten, so wie Brecht einmal auf einer Probe sagte: »Es ist nicht interessant, daß ein Mensch mit sich, sondern daß er mit anderen kämpft«. Tatsächlich sprach Brecht auf den Proben fast nie über den Charakter einer Figur, sondern über ihre Art, sich zu verhalten; er sagte beinahe nie, was ein Mensch *ist*, sondern was er *tut*. Und wenn er Charakteristisches über eine Figur sagte, so bezog er das nicht aus dem Psychologischen, sondern aus dem Sozialen. Er zeigte den Charakter einer Figur in ihrer Verhaltensweise.
Zur Figur Galileis sagte Brecht in den über hundertzwanzig Probestunden lediglich: »Er ist sechsundvierzig Jahre alt und hatte noch nicht die Zeit, etwas Richtiges zu schaffen. Er ist etwas bitter. Er ist im allgemeinen physiologisch nicht in der Lage, Fragen unbeantwortet zu lassen. Er unterliegt der

1 Vgl. dazu S. 61 f. dieses Bandes.

Versuchung der Wissenschaft. – Zum Schluß ist er ein Förderer der Wissenschaften und ein sozialer Verbrecher. – Im Grund zwingt er seinem so schwachen Körper eine ungeheure Heldentat ab, indem er die ›Discorsi‹ schreibt und, in der Realität, den Komfort riskiert, wenn auch aus Eitelkeit, – aber er unterliegt der Versuchung der Wissenschaft.«
Mehr über Galilei gab Brecht im allgemeinen nur, wenn er damit anderen Schauspielern half, ihre Figuren aufzubauen.
Zu Ludovico: Galilei ist für Sie ein unheimlicher Mensch, ärmlich, viele Bücher, nichts erinnert an Pferde; ein Gelehrter, mit dem Sie nur verhandeln, weil es Mama aufgetragen hat.
Zu Priuli: Das ist ein großer Mann, mit dem man geduldig sein muß. Leider hat er seine Meriten – er beschäftigt sich nicht genügend mit praktischen Dingen.
Zu Andrea: Das ist der Untermieter der Mutter. Er hat wenig Zeit, nur etwas in der Frühe, und man muß ihn zum Reden bringen, wenn er gerade guter Laune ist. Und im Schlußbild: Das war anfangs ein großer Mann, Ihr Lehrer, den Sie bewunderten. Dann, nach dem Widerruf, ist er ein Lump, und wenn er die »Discorsi« geschrieben hat, ein großes Vorbild.
Zu den Gelehrten des Florentiner Hofes: Das ist ein Scharlatan aus der Republik Venedig (wo es viele Scharlatane gibt). Ein Schwindler. Das ganze Zeug ist ein Schwindel, für die Schiffswerften.
Zu den Schreibern der Inquisition: Das ist eine große Persönlichkeit, die von den höchsten Kardinälen begrüßt wird. Man muß respektvoll zu ihm sein.
Zu dem Eisengießer Vanni: Das ist ein Gelehrter, der nur an Edles denkt. Man muß ihm das Praktische abnehmen.
Vor allem versuchte Brecht immer wieder, das Neuartige an der Figur Galileis herauszufinden. Er sagte: »Galilei darf nicht ein Mann sein, der neue Ideen hat, sondern ein neuer Mann. Sonst kommt heraus: wie soll er denn nicht die Bewegungsgesetze entdecken, wenn er der Galilei ist? – Wie

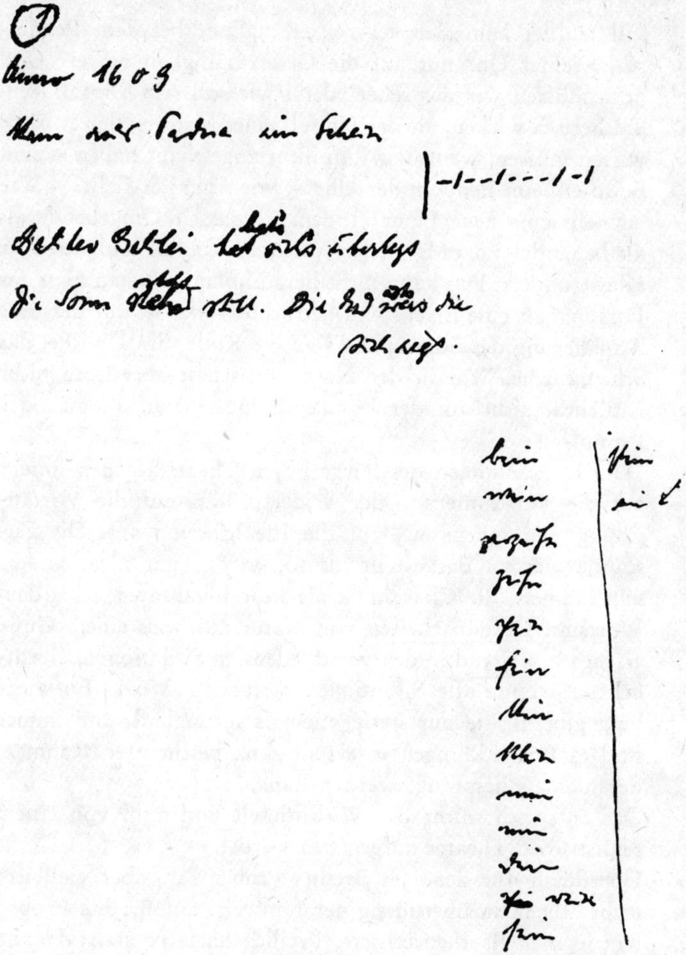

Handschrift Brechts mit Reimschema

soll Galilei zum Beispiel zeigen, daß er bei dem Pendelschlag einer Uhr nur auf die Gesetzmäßigkeit achtet? Und doch müssen wir das sehen, denn wie soll sein Umfall verbrecherisch wirken, als der Umfall eines Mannes, der es hätte wissen müssen, wenn wir ihm nicht zugeschaut haben – zum Beispiel beim Pendeln der Uhr –, wie scharf er sieht? – Wie entsteht eine neue Figur? Indem sie das sie Umgebende als alt behandelt: der Mann, der vom Mars kommt und sich über alles wundert. Das kann nicht herauskommen, wenn man das Forschen als eine Eigenschaft betrachtet – das ist nur die erste Annäherung des Schauspielers an die Rolle, das Übliche, das Schematische. Was in der Natur so ist, ist aber noch nicht natürlich, nicht auf der Bühne. Es muß dazu kommen der Kampf.«

»Die Darstellungen des bürgerlichen Theaters gehen immer auf die Verschmierung der Widersprüche, auf die Vortäuschung von Harmonie, auf die Idealisierung aus. Die Zustände werden dargestellt als so, wie sie gar nicht anders sein können; die Charaktere als Individualitäten, nach dem Wortsinn Unteilbarkeiten von Natur aus, ›aus einem Guß‹, als sich beweisend in den verschiedensten Situationen, eigentlich auch ohne alle Situationen bestehend. Wo es Entwicklung gibt, ist sie nur stetig, niemals sprunghaft, und immer sind es Entwicklungen in einem ganz bestimmten Rahmen, der niemals gesprengt werden kann.

Das entspricht nicht der Wirklichkeit und muß von einem realistischen Theater aufgegeben werden.«[1]

Überflüssig für den, der Brechts Proben sah, aber vielleicht nicht allgemein überflüssig der Hinweis: auf Brechts Proben wurde niemals theoretisiert. Freilich hatte er stets Zwecke im Auge, und er versuchte unaufhörlich, herauszufinden, wie das Theater die Aufgabe bewältigen könne, »seine Umwelt

1 Aus: Bertolt Brecht, »Nachträge zum Kleinen Organon«, s. *Schriften zum Theater*, Band 7.

zu verändern. Denn es konnte seine Abbildungen der Welt nur noch zu gestalten hoffen, wenn es mithalf, die Welt selbst zu gestalten« (Rede auf dem Leipziger Kulturkongreß, 1951). Aber wenn Brecht seinen Galilei, als dieser mit der Beobachtung der Sonnenflecken beginnt (8. Szene der Bühnenfassung), sagen läßt: »Meine Aufgabe ist nicht, zu beweisen, daß ich bisher recht gehabt habe, sondern herauszufinden, ob«, so muß über Brecht gesagt werden, daß er beim Probieren niemals von vorgefaßten Meinungen ausging, sondern immer versuchte, das gesellschaftlich Richtige herauszufinden. Übrigens pflegte Brecht die Proben bei diesem Satz regelmäßig zu unterbrechen und seine Schüler darauf hinzuweisen, daß dies für einen Marxisten der wichtigste Satz im Stück sei. Wenn Brecht glaubte, herausgefunden zu haben, was wahr ist, mußte die Wahrheit von den Schauspielern als Entdeckung gebracht werden, damit sie später auch der Zuschauer noch einmal entdecken könne. Da aber nicht entdeckt werden kann, was als selbstverständlich gezeigt wird, verfremdete er die Selbstverständlichkeiten, damit sie als ungewöhnlich, erstaunlich, sichtbar wurden.

»Es ist eine Lust unseres Zeitalters, das so viele und mannigfache Veränderungen der Natur bewerkstelligt, alles so zu begreifen, daß wir eingreifen können. Da ist viel im Menschen, sagen wir, da kann viel aus ihm gemacht werden. Wie er ist, muß er nicht bleiben; nicht nur wie er ist, darf er betrachtet werden, sondern auch, wie er sein könnte. Wir müssen nicht von ihm, sondern auf ihn ausgehen. Das heißt aber, daß ich mich nicht einfach an seine Stelle, sondern ihm gegenüber setzen muß, uns alle vertretend. Darum muß das Theater, was es zeigt, verfremden.«[1]

Dabei war Brecht der Ansicht, daß man zuerst das Gewöhnliche einer Handlungsweise herausfinden müsse, um das

1 Bertolt Brecht: »Kleines Organon für das Theater«, Abschnitt 46, s. *Schriften zum Theater*, Band 7.

Ungewöhnliche zeigen zu können, und daß die Darstellung eines unschematischen Verhaltens die Kenntnis des schematischen voraussetzt. So schickt Galilei in der 1. Szene Andrea, dem er keinen Unterricht mehr geben kann, einfach hinaus. Er sagt sofort die Wahrheit, schwindelt dem Jungen nichts vor, sondern benimmt sich dem Zehnjährigen gegenüber wie ein Metzger: Du verstehst, du zahlst die Milch nicht, sondern du trinkst sie. Wenn bei diesem Verhalten keine Verlegenheit vorausgesetzt ist (der Unbegabte darf lernen, weil er Geld hat, und der Intelligente wird weggeschickt), wenn sich Galilei nicht schämt (was er gar nicht tut, und es ist wichtig, daß er es nicht tut), so kann auch nicht etabliert werden, daß diese brutale Wahrheit gleichzeitig das Humanste ist: sie ergibt bei dem Jungen die geringsten Schwierigkeiten. Und nur so kann Galileis Verhalten nicht als Frage seines Charakters, sondern als gesellschaftliche Notwendigkeit gezeigt werden: er braucht das Geld des reichen Schülers, um weiterarbeiten zu können.

Wenn Andrea Sarti in der 13. Szene seine »neue Ethik« aufbaut, wenn er Galileis Verrat entschuldigt, seine List lobt, die Niederlage als Sieg feiert, drückt er das alles positiv aus. Aber gerade indem er sagt, wie klug das alles war, wird deutlich, für wie schlecht er es bisher gehalten hat: sein Lob enthält die Anklage, seine Begeisterung enthält die bisherige Verurteilung. Die häufige Mißinterpretation, daß Brecht – auf der Bühne und im Zuschauerraum – gegen Emotionen sei, erfolgte meist aus Unverständnis. Aber Brecht verstand seinerseits die Leute nicht, die nicht wahrhaben wollen oder können, daß der Sozialismus, der die ganze bürgerliche Philosophie auf den Kopf stellt, auch die Dramatik, die auf dieser Philosophie fußt, auf den Kopf, besser: vom Kopf auf die Füße, stellen muß.

Brecht hielt die ganze idealistische Dramatik, einschließlich Goethe, nur für spielbar, wenn sie kritisch gezeigt wird, denn: »Das Wort des Dichters ist nicht heiliger, als es wahr ist. Das Theater ist nicht Dienerin des Dichters, sondern der Gesellschaft[1].« Nach seiner Ansicht sind für uns nicht (und die Stücke sind so geschrieben) die Konflikte des Faust, Macbeth, Hamlet, Lear, Coriolan, Othello, in die diese mit sich selbst geraten, interessant, sondern die gesellschaftlichen Verhältnisse, die sie in diese Konflikte bringen. Und wie sollen die gesellschaftlichen Verhältnisse heute anders gezeigt werden als vom Standpunkt des historischen Materialismus, mit der Methode der materialistischen Dialektik, als Kämpfe der Klassen, also kritisch?

Einfühlung erschien Brecht, für Schauspieler und Zuschauer, als das »Allerprimitivste«, als etwas, was selbstverständlich war, »was der Schauspieler mitbringen muß«. Aber »es genügt nicht, sich als Hamlete oder Ferdinande zu fühlen und zu zeigen, was sie von diesen Figuren anregt, was bei ihnen ›da‹ ist«. Brecht machte sich lustig über Schauspieler, die sich Empfindungen borgten, auch bei sich selbst, er hielt nichts davon, z. B. Schmerz von seinem Anlaß zu entfernen und einem anderen zur Verfügung zu stellen, »so daß der eigentliche Vorgang der Dichtung verschwindet wie das Fleisch in einer schlau eingerührten Sauce von bestimmtem Geschmack«.

Sowenig sich Brecht darauf verließ, daß seine Zuschauer – des Denkens im Theater noch ungewohnt und im allgemeinen einem Theater ausgesetzt, das sie nicht dazu anregt, – allein die richtige Erkenntnis finden würden, sowenig wollte Brecht den Zuschauer der freien Willensentscheidung berauben und ihn nötigen, sich Gefühlen hinzugeben, über deren Anlaß er vielleicht anderer Ansicht war als der Stückeschreiber. Brecht war sich der widersprüchlichen Einheit Bühne-Publikum bewußt und provozierte sie. Er brachte das Publikum in Widerspruch zur Bühne, damit es vom betrachtenden, passiven Teil (während der Vorstellung) übergehen könne zum aktiven, handelnden, gesellschaftsverändernden

1 Bertolt Brecht: »Vorwort zum ›Antigone-Modell‹«, s. *Schriften zum Theater*, Band 6.

im Leben. Aber der Weg zum Handeln führt über die Erkenntnis.

»Bewegen wir unsere Figuren auf der Bühne durch gesellschaftliche Triebkräfte und durch verschiedene je nach der Epoche, dann erschweren wir unserm Zuschauer, sich da einzuleben. Er kann nicht schlechthin fühlen: so würde ich auch handeln, sondern kann höchstens sagen: wenn ich unter solchen Umständen gelebt hätte; und wenn wir Stücke aus unserer eigenen Zeit als historische Stücke spielen, mögen ihm die Umstände, unter denen er handelt, ebenfalls besonders vorkommen, und dies ist der Beginn der Kritik.«[1]

Das Arrangement der 13. Szene übernahm Brecht, wie das der meisten anderen, aus der kalifornischen Aufführung, so seine eigene Inszenierung als Modell benutzend. Es ist bezeichnend für Brecht, daß er Gänge und Stellungen, die er auf der ersten Probe gefunden hatte, fast nie änderte. Während der großen Selbstanalyse stand Virginia, in der Hand den Teller mit der Gänseleber, links vorn, Andrea, mit den »Discorsi« unter dem Wams, rechts. In der Mitte Galilei. Brecht lachte: »Unser Arrangement ist ganz einfach: da ist die Gänseleber, auf die besteht er, da ist die Wissenschaft, auf die besteht er auch. Er sitzt zwischen seinen beiden großen Lastern, der Wissenschaft und dem Fressen.« Und: »Ein Historienmaler muß sich auch entschließen, eine Stellung zu wählen, nicht zwei – so wird der Vorgang historisch«.

Die Regie-Anweisungen

Die 13. Szene wurde auf der zehnten Probe, am 28. 12. 55, das erstemal probiert. Stück und Haltungen der Figuren waren den Schauspielern aus den vorhergehenden Proben bekannt.

1 Bertolt Brecht: »Kleines Organon für das Theater«, Abschnitt 37, s. *Schriften zum Theater*, Band 7.

Brecht begann damit, den Dialog Satz für Satz durchzugehen, vor allem auf Betonungen achtend. Er sprach viel vor. Das Arrangement wurde von ihm rasch angegeben, an Hand des Modellbuches der kalifornischen Aufführung.
Die Szene ist aufteilbar in vier Vorgänge, die im Gestus voneinander verschieden sind.

Erster Vorgang:	Galilei diktiert Virginia den Brief an den Erzbischof.
Zweiter Vorgang:	Galilei erfährt, daß sein Widerruf gewirkt hat.
Dritter Vorgang:	Galilei gesteht, daß er die »Discorsi« geschrieben hat. Andrea baut eine neue Ethik.
Vierter Vorgang:	Galilei analysiert seinen Fall.

Erster Vorgang	Regie-Anweisungen Brechts
VIRGINIA Und jetzt denken wir an unsere Augen und hören schnell auf mit dem Ball und diktieren ein Stückchen weiter an unserem wöchentlichen Brief an den Erzbischof.	*Ernsthaft, gemessen, fromm, resignierend.*
GALILEI Ich fühle mich nicht wohl genug. Lies mir etwas Horaz.	*Er langweilt sich ziemlich stark in dieser Villa, der Tag geht kaum herum. »Horaz« vorwurfsvoll.*
VIRGINIA Erst vorige Woche sagte mir Monsignore Carpula, dem wir so viel verdanken, daß der Erzbischof ihn jedesmal fragt, wie dir die Fragen und Zitate gefallen, die er dir schickt.	*Vorwurfsvoll – er will wieder nicht arbeiten, ernsthaft ins Gewissen reden. Der Erzbischof weiß, was er dir schuldig ist – und du solltest stolz sein über das Interesse eines solch hohen Herrn.*

GALILEI Wie weit war ich?

VIRGINIA Abschnitt vier: Anlangend die Stellungnahme der heiligen Kirche zu den Unruhen im Arsenal von Venedig stimme ich überein mit der Haltung Kardinal Spolettis gegenüber den aufrührerischen Seilern ...

Virginia liest eifrig, schreibt mechanisch: Geschäftskorrespondenz. Jetzt zahlt Galilei dafür, daß er ihre Intelligenz unterschätzt hat.

GALILEI Ja. *Diktiert:*... stimme ich überein mit der Haltung Kardinal Spolettis gegenüber den aufrührerischen Seilern, nämlich, daß es besser ist, ihnen Suppen zu verteilen im Namen der christlichen Nächstenliebe, als ihnen mehr für ihre Schiffs- und Glockenseile zu zahlen. Sintemalen es weiser erscheint, an Stelle ihrer Habgier ihren Glauben zu stärken. St. Paulus sagt: Wohltätigkeit versaget niemals. Wie ist das?

»...christliche Nächstenliebe«, das klingt häßlich von ihm, grob, schnell: dann kommt der Sinn, das wäre vernünftig und anständig.

Frech.

VIRGINIA Es ist wunderbar, Vater.

Virginia überlegt, er kennt nie ein Maß, aber hilflos: sie kennt sich nicht ganz aus – »von Herzen sollte das kommen«.

GALILEI Du meinst nicht, daß eine Ironie hineingelesen werden könnte?

VIRGINIA Nein, der Erzbischof wird selig sein. Er ist praktisch.	*Vorsichtig: sie weiß, daß er den Erzbischof für einen Dummkopf hält.*
GALILEI Ich verlasse mich auf dein Urteil. Was kommt als nächstes?	*Offener Hohn – das ganze löst sich jetzt in einen Kampf auf.*
VIRGINIA Ein wunderschöner Spruch: »Wenn ich schwach bin, da bin ich stark.«	*Ganz mild, das ist wunderbar, todernst, da kommt der Blödsinn heraus.*
GALILEI Keine Auslegung.	*Virginia weiß, daß er Lippendienst treibt, das ist schlimm. Aber sie muß sich damit zufrieden geben.*
VIRGINIA Aber warum nicht?	
GALILEI Was kommt als nächstes?	*Böse.*
VIRGINIA »Auf daß ihr begreifen möget, daß Christus lieb haben viel besser ist denn als Wissen.« Paulus an die Epheser, III/19.	*Für ihn – er hat eben gegen den Stachel gelöckt.*
GALILEI Besonders danke ich Euer Eminenz für das herrliche Zitat aus den Epheser-Briefen. Darf ich bei dieser Gelegenheit in eigener Sache sprechen? Noch immer wird mir vorgeworfen, daß ich einmal über die Himmelskörper ein Buch in der Sprache des Marktes verfaßt habe. Es war damit nicht meine Absicht, vorzuschlagen oder gutzuheißen, daß Bücher über so viel	*Virginia vorsichtig: Das kann nicht ehrlich sein von dem Schurken. Im ganzen: Galilei erkauft seinen Komfort mit Handlangerdiensten, er prostituiert seinen Intellekt. Gelangweilt, gereizt, aber nicht ohne Humor.*

wichtigere Gegenstände, wie zum Beispiel Theologie, in dem Jargon der Teigwarenverkäufer verfaßt würden. Ich verzichte gern auf billige Verständlichkeit heiliger Dinge. Das Latein der Kanzel, das die ewige Wahrheit der Kirche gegen die Neugier der Unwissenden schützt, erweckt Vertrauen, wenn gesprochen von den priesterlichen Söhnen der unteren Klassen, mit den Betonungen des ortsansässigen Dialekts. – Nein, streich das aus.

Blick zu ihm: Das ist doch nicht seine Meinung, zum Teufel, aber man kann ihn nicht fassen. In solchen Sätzen ist es nicht der Sinn, sondern die Zusammenstellung: Theologie und Teigwarenverkäufer.

Blick auf den Mönch, böse.

VIRGINIA Das Ganze?

GALILEI Alles nach den Teigwarenverkäufern.

Unwillig: jetzt hat er sogar den Spaß verloren, die Kirche zu ärgern.

MÖNCH Seine Reue ist nicht echt.

VIRGINIA Ich beobachte ihn.

Zum ersten Vorgang – Galilei diktiert einen Brief an den Erzbischof

1. (10.) Probe, 28. 12. 55:
Brecht erklärte zur Figur Virginias: »Grundton, da ist alles hoffnungslos, alles grau, da ist nur noch Schärfe, Angst, daß er wieder Anfälle von Wissenschaftlichkeit bekommt, daß alles wieder untersucht werden wird, daß er wieder in den Kerker gesteckt wird. Er ist ein alter Mann, aber ein bösartiger, es ist nicht so einfach mit ihm.« – »Verstehen Sie,

Regine, wenn er nicht will, will er nicht. Ist er böse, vergiftet das die Atmosphäre für ein halbes Jahr.«
Auf die Frage von Regine Lutz, ob sie den Vater liebe: »Ja, aber das ist eine Entwicklung. Er hat sie um ihr eigentliches Leben gebracht. In der dritten Szene wird sie an den Hof abgeschoben, dann verhindert er die Heirat, und so ist sie jetzt eine Betschwester. Seit der sechsten Szene, der mit der Frage nach dem Beichtvater, findet eine ständige Beeinflussung durch die Kirche statt.«
Mehr gab Brecht zu dieser Probe nicht zur Szene. Busch saß, während des Diktierens, zurückgelehnt im Sessel, lauschend; Regine Lutz auf der Bank neben ihm, eifrig, aber mechanisch schreibend, »das ist Geschäftskorrespondenz«. – Brecht legte Wert darauf, daß sie das Publikum merken ließ – indem sie selbst es merkte –, daß Galilei sie mit seinen Formulierungen an den Erzbischof »durch den Kakao zog«.
Im ganzen wurde Virginia als die Überlegene angelegt, die den Vater zwingt, zu diktieren. Es stellte sich heraus, daß Galilei die Tochter, die er für unintelligent hielt, unterschätzt hat. Jetzt kennt sie ihren Vater und weiß mit ihm umzugehen. Galilei erschien etwas kindisch, alt, hinfällig, aber mit großen Augenblicken in geistiger Hinsicht, Virginia ältlich, säuerlich.

3. (25.) Probe, 20. 1. 56:
Brecht probierte eine von der ersten völlig verschiedene Version. Er zeigt Galilei als geistig völlig intakten Menschen, der zwar Virginia nachgibt, indem er den Brief diktiert, der sie aber ironisch und spöttisch behandelt, »ich verlasse mich ganz auf dein Urteil« mit offenem Hohn bringend.
Das machte ihn menschlich negativer – er hat Virginia nicht nur zugrunde gerichtet, sondern amüsiert sich auch noch auf ihre Kosten –, geistig setzte es ihn in Vorteil.
»Regine, die Gefahr ist immer, er tut zuviel, er trägt zu dick auf, er kennt kein Maß: Entweder – oder.«

Den in der ersten Probe angelegten Ton der Hoffnungslosigkeit nahm Brecht wieder weg: »Regine, es wirkt, als ob Sie zu allem gleichgültig geworden seien. Das ist sie nicht, nur unwirsch, grau, ungeheuer ernst.«
Aber beide Versionen verteidigen Galilei, statt ihn preiszugeben. In der ersten Fassung erregte er Mitleid, da er der Tochter gegenüber in der Defensive war, in der zweiten gab seine geistige Überlegenheit auch seinem Widerruf etwas Großartiges. Man glaubte ihm nicht, daß er aus Angst widerrufen habe, da es auch hier »Lippendienst ist, was er treibt«.

4. (26.) Probe, 21. 1. 56:
Vor der Probe hatte Brecht ein Gespräch mit Busch, in dem er ihm erklärte, daß die beiden bisherigen Versionen,
I. Galilei als kindischer alter Mann, aber mit großen Augenblicken seiner alten geistigen Größe, der von seiner Tochter, die er unterschätzt hat, beherrscht wird, und
II. Galilei im vollen Besitz seiner Geisteskräfte, der sich in bösartiger Weise über seine Tochter, die er zugrunde gerichtet hat, lustig macht,
zwei Schichten derselben Figur seien, Brechts eigentliche Absicht aber in eine dritte Richtung gehe: Galilei müsse als sozialer Verbrecher, als völliger Lump gezeigt werden. Sein Vergehen werde noch schlimmer dadurch, daß er es, im vollen Besitz seiner Geisteskräfte, auch noch klar analysieren könne. Es sei ein Zufall für Galilei, daß es sich bei der Analyse um ihn selbst handele, ebenso wie ihn die soziale Seite seiner Wissenschaft tatsächlich nichts angehe.
Brecht erklärte Regine Lutz, auf welche Weise sie den Brief vorlesen sollte: »Da gibt es doch diese Art, wissen Sie, wie manche Leute mit ihren Hunden sprechen, ganz blöd ...« -- »Etwas weniger Stimme, es ist abends, spielen Sie das mit ...«
Lutz: »Ich denke, wenn man mit so einem alten Mann zu-

sammensitzt, gibt man unwillkürlich mehr Stimme. Er hört schlecht ...« Brecht lacht. »Nein, er sieht schlecht, er hört gut.« – »Noch zu frisch, das ist zu frisch. Sie müßte so – sie ist abgehärmt, abgenutzt, ausgetrocknet, todernst.«
Lutz: »Sie finden auch die Haltung zu streng?« – »Nein, sie hält sich aufrecht, aber die Stimme ist zu frisch. Bedenken Sie, sie ist vierzig. Sie muß am Anfang ein Kind sein, dann vierzig Jahre, das ist wie heute sechzig. Das ist gar nicht so einfach, wie man so was macht.«
Lutz: »Wenn ich es mal mürrisch probieren könnte?« »Ja, versuchen Sie es. Die Sätze sind geschrieben auf diese blöde Nachahmung von Kindern: ›Nun wie geht es denn dem Foxel heute?‹ Diese albernen Sachen, die Hunde so verachten. Das wird eingehängt wie eine Walze.« – »Wissen Sie, Regine, Sie haben ein furchtbares Leben. Die Sache ist die – er ist ein unverbesserlicher Völler. Er ist verfressen und irdisch und sündig und fleischlich. Sie müssen alles entschuldigen, verbieten, niederkämpfen. Bösartig ist er auch – und keinen Moment weiß man, wann er endgültig ausbricht. Dann wird er nach Rom geschafft, und vorbei ist es mit dem – immerhin – Komfort.«

5. (27.) Probe, 23. 1. 56:
Auf Grund der Analyse der letzten Probe probierte Brecht die Version des »völligen Lumpen«.
Anweisungen für Virginia: »Regine, er will den Horaz lesen. Es wäre schön, wenn Sie sich mit großer christlicher Geduld wappnen. Sie merken schnell, daß dicke Luft ist, wie immer, wenn er solche Sachen sagt mit der ›christlichen Nächstenliebe‹. Das klingt in seinem Munde häßlich.« – »Den Horazsatz würde ich abwarten, würde ihn dann eine Sekunde lang anschauen und erst dann sanft sprechen, nach vorn. Dadurch wird es auch bei Ihnen ein bißchen registriert. Horaz ist doch ein Heide!« – »Kämpfen Sie doch diese aufrührerischen Dinge nieder bei ihm. Gedichtchen will er? Lauter

solche Sachen, fleischliche Genüsse!« – »Jetzt werden ganz freundliche Töne eingehängt, jetzt will sie was.« – »Regine, Sie sind immer noch zu gutartig. Diese religiösen Menschen sind ungeheuer bösartig.« – »Die wäscht sich auch nicht mehr. Nur innerlich, innerlich wird sie jeden Tag schöner.« – »Den ganzen Tag bringen Sie Opfer, den ganzen Tag, Sie opfern sich Stück für Stück.«
Lutz: »Ist das nicht komisch?«
»Nein, gar nicht. Sie ist ein Instrument, er hat sie ja ruiniert, die Existenz ist kaputt. Wissen Sie, da sind doch diese Mädchen – jeden Schritt, den sie tun, tun sie nur für Gott, sonst würden sie ihn überhaupt nicht tun.«

6. (55.) Probe, 20. 3. 56:
Die Szene ist grundsätzlich angelegt.
Virginia beginnt ihre Repliken fromm und billigend – die Aggression kommt von Galilei, boshaft scharf.
Zum Brief: Trotz der Meinung des Erzbischofs, daß sich Galilei nicht gebessert habe, trotz der Meinung Galileis, der den Erzbischof für einen Dummkopf hält, und trotz der Meinung Virginias, die Galileis Reue bezweifelt, kommen für die Kirche ganz gut Ratschläge für die Bevölkerung heraus: freilich auf Kosten der Bevölkerung, die das Spiel Galilei-Virginia-Erzbischof, »Suppen statt besserer Bezahlung«, zu zahlen hat. Die Erkenntnis, daß sich Galilei in seiner Verbannung noch auf Kosten der Bevölkerung amüsiert, half, ihn unsympathisch zu machen.
Lutz schleppte, ehe sie sich setzte, Galileis Experimentier-Instrument nach hinten, wobei die Kugel auf dem Boden schleifte. Durch diese Zufälligkeit trat eine schöne Verfremdung des Gegenstandes ein: er bekam sofort eine andere Funktion bzw. verlor die eigentliche.
»Bei ›Auf daß ihr begreifen möget‹ den Vater nicht anschauen, das gefällt ihm bestimmt nicht.«
Lutz: »Nicht – siehst du wohl?«

»Nein, er hält den Erzbischof für einen Dummkopf. Das wissen Sie. Es wäre schön, wenn man diesen Schwachsinn aus den Epheser-Briefen, diesem Schundroman, hörte.«

7. (56.) Probe, 21. 3. 56:

Brecht begann die Probe wieder mit einer Analyse der Figur Galileis. Hatte er in den bisherigen Proben den »Lumpen« aufgebaut, so holte er jetzt die positiven Seiten der Figur heraus.

»Galilei ist gezeigt als ein Mann, der recht hat, einer der großen Helden der nächsten fünfhundert Jahre, der alle Widerstände niedertrampelt – der aber dann umfällt und zum Verbrecher wird. Das ist eine der großen Schwierigkeiten: aus dem Helden den Verbrecher herauszuholen. Trotzdem: er ist ein Held – und trotzdem: er wird zum Verbrecher. Das kann man nicht dem Publikum überlassen. Das muß man herausholen und hoffen, daß es beim Publikum ankommt.« – »Dabei ist er nicht einfach ein Mensch, der schuldig ist – schuld ist die Gesellschaft, die die Produktion zum Verbrechen macht. Natürlich ist die Inquisition schuldiger als der Galilei, er ist auch der Geschädigte. Aber es muß enthalten sein der Gefallene, der sich selbst geschädigt hat durch den Umfall; der bösartig ist und eitel, der nichts wahrhaben will, der den Schüler, der kommt, ausholen will: er soll etwas Positives aussagen, aber da ist nichts. Und er, frech und provokatorisch: Ich bin sehr gesund, ich gehe meiner seelischen Wiedergesundung entgegen.« Bemerkenswert war in dieser Probenszene bei Ernst Busch, daß er nie Gefühle zu reproduzieren versuchte, die er selbst in irgendeiner Situation gehabt haben mochte, sondern daß er versuchte, durch Studium der Fakten und Umstände die Denk- und Gefühlsweise Galileis herauszufinden. Nie durchlebte er eine Situation, er durchdachte sie. Es fiel auf, daß er von Galilei während der ganzen Probenzeit nur in der dritten Person sprach, niemals fragte: »Was tue ich jetzt?«, sondern: »Was würde Galilei jetzt tun?«

Ungern schien Busch den Galilei als Lumpen, der sich zynisch selbst aburteilt, zu zeigen. Seine Bewunderung Galileis war sehr groß. In »Dialektik auf dem Theater« schreibt Brecht über Busch hinsichtlich des »Coriolan«: »Er wird seinen eigenen Wert auf den des Helden übertragen, und er wird ihn verstehen können, seine Größe wie seine Kostspieligkeit.« Etwas Ähnliches geschah auch hier, Buschs Sympathie für Galilei machte es ihm nicht leicht, ihn preiszugeben. Daß Busch diesen Widerspruch mitspielte, verschaffte der von ihm dargestellten Figur ein zusätzliches Interesse.

Zweiter Vorgang	Regie-Anweisungen Brechts
Es wird am Tor geklopft. Virginia geht in den Vorraum. Es ist Andrea Sarti. Er ist jetzt ein Mann in den mittleren Jahren.	
ANDREA Guten Abend. Ich bin im Begriff, Italien zu verlassen, um in Holland wissenschaftlich zu arbeiten, und bin gebeten worden, ihn auf der Durchreise aufzusuchen, damit ich über ihn berichten kann.	*Kalt, unsicher.*
VIRGINIA Ich weiß nicht, ob er dich sehen will. Du bist nie gekommen.	
ANDREA Frag ihn.	
Galilei hat die Stimme erkannt. Er sitzt unbeweglich. Virginia geht hinein zu ihm.	*Galilei erschrickt vor der Stimme, als käme die Polizei.*
GALILEI Ist es Andrea?	

VIRGINIA Ja. Soll ich ihn wegschicken?

GALILEI Führ ihn herein.

Virginia führt Andrea hinein, gibt dem Mönch ein Zeichen und setzt sich.

GALILEI Laß mich allein mit ihm, Virginia.

VIRGINIA Ich will hören, was er erzählt.

Unnachgiebig.

ANDREA Wie geht es Ihnen?

GALILEI Tritt näher. Was machst du? Erzähl von deiner Arbeit. Ich höre, es ist über Hydraulik.

Kalt.

ANDREA Fabrizius in Amsterdam hat mir aufgetragen, mich nach Ihrem Befinden zu erkundigen.

Pause.

GALILEI Ich befinde mich wohl, man schenkt mir große Aufmerksamkeit.

Galilei wird böse.

ANDREA Es freut mich, berichten zu können, daß Sie sich wohl befinden.

Geringschätzig.

GALILEI Fabrizius wird erfreut sein, es zu hören. Und du kannst ihn informieren, daß ich in angemessenem Komfort lebe. Durch die Tiefe meiner Reue habe ich mir die Gunst meiner Oberen so weit erhalten können, daß mir

Zu Virginia.

Provokatorisch: das soll er fressen.

in bescheidenem Umfang wissenschaftliche Studien unter geistlicher Kontrolle gestattet werden konnten.

Direkt zu Andrea: das mußt du verstehen.

ANDREA Jawohl. Auch wir hörten, daß die Kirche mit Ihnen zufrieden ist. Ihre völlige Unterwerfung hat gewirkt. Es wird versichert, die Oberen hätten mit Genugtuung festgestellt, daß in Italien

Trocken, das ist das Schlimmste, was man über einen Gelehrten sagen kann.

kein Werk mit neuen Behauptungen mehr veröffentlicht wurde, seit Sie sich unterwarfen.

Ein Axthieb, nicht stockend, »sonst stümpert der Schlächter«.

GALILEI Leider gibt es Länder, die sich der Obhut der Kirche entziehen.

Ich fürchte, daß die verurteilten Lehren dort weitergefördert werden.

Wie ein Hilferuf: er »fischt«, aber er hat wirklich abgeschworen.

ANDREA Auch dort trat infolge Ihres Widerrufs ein für die Kirche erfreulicher Rückschlag ein.

Ganz ernst.

GALILEI Wirklich? *Pause.*

Nichts von Descartes in Paris?

ANDREA Doch. Auf die Nachricht von Ihrem Widerruf stopfte er seinen Traktat über die Natur des Lichts in die Lade.

Vor der Antwort Pause, solche bösartigen Formulierungen erfordern Nachdenken.

Lange Pause.

GALILEI Ich bin in Sorge einiger wissenschaftlicher Freunde wegen, die ich auf die Bahn des Irrtums geleitet habe. Sind sie durch meinen Widerruf belehrt worden?

Nicht besorgt, das ist eine freche Behauptung.

ANDREA Um wissenschaftlich arbeiten zu können, habe ich vor, nach Holland zu gehen. Man gestattet dem Ochsen nicht, was Jupiter sich nicht gestattet.

Andrea geht nicht darauf ein.

GALILEI Ich verstehe.

ANDREA Federzoni schleift wieder Linsen, in irgendeinem Mailänder Laden.

GALILEI *lacht:* Er kann nicht Latein.

Pause.

ANDREA Fulganzion, unser kleiner Mönch, hat die Forschung aufgegeben und ist in den Schoß der Kirche zurückgekehrt.

GALILEI Ja.

Pause.

GALILEI Meine Oberen sehen meiner eigenen seelischen Wiedergesundung entgegen. Ich mache bessere Fortschritte, als zu erwarten war.

Arrogant, er schlägt zurück, aber ehrlich.

ANDREA Oh.

Sehr höflich.

VIRGINIA Der Herr sei gelobt.

GALILEI *barsch:* Sieh nach den Gänsen, Virginia. *Virginia geht zornig hinaus. Im Vorbeigehen wird sie vom Mönch angesprochen.*	*Als Kampfansage. Virginia widersteht eine Weile, aber jetzt ist er stärker.*
MÖNCH Der Mensch mißfällt mir.	
VIRGINIA Er ist harmlos. Er war sein Schüler, und so ist er jetzt sein Feind. Wir haben frischen Ziegenkäse bekommen. *Der Mönch folgt ihr hinaus.*	

Zum zweiten Vorgang – Galilei erfährt, daß sein Widerruf gewirkt hat

1. (10.) Probe, 28. 12. 55:
Brecht erklärte: Die Kirche wird repräsentiert durch die Tochter, nicht durch den Mönch. Der ist nur der Kerkermeister, eine unwichtige Person. Wenn über kirchliche Dinge gesprochen wird, dann zu Virginia – zu ihm höchstens »über«, nicht »zur« Kirche sprechen.
Andrea ist jetzt ein selbständiger Gelehrter. Er geht in den Norden, um arbeiten zu können.
Galilei fischt. Er möchte gern hören, daß die Forschung anderswo weitergeht.
»Schall, Galilei ist isoliert, er ist auch alt geworden. Sicher, er ist ein böser alter Mann, aber ein großer Mann. Also nicht, als ob Sie mit großem Widerwillen den Auftrag ausführten. Er versucht, kalt zu erscheinen, bringt es aber nicht fertig. Verstehen Sie, Sie sind ein Feind, das bringen Sie über die Rampe, aber Sie *wollen* ein Feind sein. In Wirklichkeit sind Sie es nicht.« – »Schall, er hält den Anschein aufrecht, daß

ihm der Auftrag zwar unangenehm ist, daß er ihn aber nicht ablehnen konnte.« – »Schall, schauen Sie ihn niemals an, nicht ihn anschauen, das ist schlecht, das ist nicht gut für ihn; wenn er ihn anschaut, wird es schwierig. Er wird immer zu Boden schauen, nein, nicht mit dem Kopf, nur mit den Augen. Steife Haltung, ja, es muß rauskommen, er lehrt jetzt selber.«
Nach der Mitteilung Andreas, daß auch Descartes nicht mehr schreibe, sagte Brecht: »Busch, es wäre schön, wenn man hier eine nervenzerrüttende Pause machen würde, eine lange Pause, das ist ein toller Satz. Das weiß das Publikum nicht und wird es schwer verstehen: was, das ist ein Schlag für den Galilei, wenn ein Konkurrent nicht mehr arbeitet?« (Brecht lachte nach dieser Anweisung sehr.)
Wenn Galilei hört, daß Federzoni wieder Linsen schleift, muß nach der Regie-Anweisung im Buch Lachen kommen. Busch lachte mit dem Gestus: ›Das geschieht ihm recht. Wer kein Latein kann, kann eben nicht studieren.‹ Aber er brachte auch heraus, daß er nicht über Federzoni lachte, sondern über die Ungeheuerlichkeit des Vorgangs: über eine Gesellschaft, in der solche merkwürdigen Dinge passieren. Nicht bitter, sondern belustigt lachend, zeigte er das Bildungsprivileg einer Klassengesellschaft bereits als merkwürdig; er brachte sogar heraus, daß vom Standpunkt einer klassenlosen Gesellschaft gesehen Komik in dem Vorgang war.

3. (25.) Probe, 20. 1. 56:
»Schall, die Situation ist illegal. Sie müssen sprechen vor diesen Wächtern, darauf müssen Sie Rücksicht nehmen. Sie verstehen ihn ausgezeichnet, nur gehen Sie nicht darauf ein. Hier steht: ›Ich fürchte, es gibt Länder ...‹, aber Sie verstehen: ›Ich hoffe, Gott sei Dank gibt es Länder ...‹. Er sagt: ›Ich habe Sorge einiger Freunde wegen ...‹, aber Sie verstehen: ›Ich hoffe immer noch auf meine wissenschaftlichen Freunde, die ich auf die Bahn des Wissens geleitet habe. Sind

sie durch meinen Widerruf wenigstens nicht abgebracht worden?‹ Aber jetzt kommt Keulenschlag auf Keulenschlag. In jedem Satz kommt eigentlich Widerruf, Widerruf, Widerruf ... alles ist kaputt, er soll sich nur keine Illusionen machen. Und trotz allem ist auch noch drin: Dem Galilei wäre es nicht angenehm, wenn plötzlich in England oder in Prag bekannt würde, aus einem Interview mit einem Gelehrten, daß er eigentlich immer noch der alte ist. Andrea soll dort sagen, der Galilei ist tatsächlich katholisch geworden. Sogar wenn er das Werk dann geschrieben hat, mißbilligt er es selbst. Er hat Schluß gemacht mit seiner Vergangenheit. Andrea muß ihm das abkaufen.«

4. (26.) Probe, 21. 1. 56:
»Schall, beginnen Sie die Szene unsicher: ›Wie geht es Ihnen?‹ Er ist Ihr großer Lehrer. Ihr Umschlag kommt erst, wenn er von der Kirche spricht.«
»Busch, ›durch die Tiefe meiner Reue‹ – provokatorisch, das muß der Junge jetzt fressen! Aber, Schall, ›Ihre völlige Unterwerfung ...‹ – *Sie* geben das Thema, die headline!« Brecht erarbeitete den Dialog Satz für Satz, besonders auf die Betonungen achtend.
›... Die Lehren dort weitergefördert werden‹.
»Dort – das ist fast wie ein Hilferuf.«
›... *dort weitergefördert*‹.
»Nein, das unterbricht den ganzen Dialog, wenn nicht *nur* das Wort *dort* kommt. Wissen Sie, wenn Sie wünschen, daß sie *weitergefördert* werden, das ist etwas anderes, als wenn sie *dort* weitergefördert werden.«
›... *dort* weitergefördert werden‹.
»Ja, jetzt ist er in einer schlechten Lage, er hat den jungen Mann gereizt, in eine böse Stimmung gebracht, ihm zuviel zugemutet.«
»Also, Schall, geben Sie den Ball zurück, ›auch *dort* trat infolge Ihres Widerrufs‹ ...«

›Wirklich?‹

»Dabei kann der Galilei einfach verfallen, jetzt hat er den Kinnhaken.«

6. (55.) Probe, 20. 3. 56:

In der Zwischenzeit hatte Brecht die Haltung Galileis (s. *erster Vorgang*, 4. Probe) verschärft. Der Dialog zwischen Galilei und Andrea kam jetzt als Kampf. ›Ich bin in Sorge‹ kam nicht mehr besorgt, sondern als freche Behauptung, für den Pfaffen.

›Meine Oberen sehen meiner Wiedergesundung ...‹ – »Das muß arrogant kommen, er schlägt zurück.«

›Ich kann Fabrizius jammern hören‹ – »Bösartig! Er siegt noch einmal über die Vernunft!«

›Unter geistlicher Kontrolle ...‹ – »Busch, Sie ersehnen die Kontrolle, Sie haben gar nichts gegen sie, das soll er alles fressen!«

›Durch die Tiefe meiner Reue ...‹ – »Scharf, als Zurechtweisung, friß das!«

Brecht erklärte, daß Galilei die von Andrea genannten Publikationen nicht kennt. Er hat keine Ahnung, was inzwischen passiert ist, er ist wirklich erschrocken.

Wenn er von seinen Rückfällen spricht – »Die Erkrankung nimmt stündlich zu. Sein Gespräch mit Andrea ist ein letzter Versuch, das Fieber zu vernichten.«

8. (58.) Probe, 22. 3. 56:

Brecht erklärte, daß Andrea den Galilei als Verräter verurteilt, aber als Lehrer bewundert. Er vertritt seinen wissenschaftlichen Standpunkt ihm gegenüber mit großer Schärfe.

Der Gestus Galileis änderte sich während des Gesprächs. Brecht erklärte, »das entfaltet sich auf diese Weise«, etwa:

I. Wenn Galilei sagt, daß ihm wissenschaftliche Studien unter Aufsicht der Oberen gestattet werden konnten, ist das seine wirkliche Meinung.

II. Wenn er von der allgemeinen Zerstörung auf dem Gebiet

der Wissenschaften erfährt, kann er es nicht mehr aushalten, er muß widersprechen. Jetzt ist Galilei verloren, »jetzt fängt er an zu fischen, er will nachweisen, daß das eine falsche Behauptung ist, zu ungünstig, das kann nicht alles kaputt sein, der übertreibt aus Bosheit . . .«
III. Er gesteht, daß er selbst wieder geschrieben hat.
Zu I: ›. . . daß mir in bescheidenem Umfange wissenschaftliche Studien unter geistlicher Kontrolle gestattet werden konnten‹ – »Das ist ein schrecklicher Satz. Er hat sich jetzt festgelegt, und das ist seine wirkliche, tiefste Meinung. Wenn er Montaigne gelesen hat, und er hat ihn gelesen, das ist historisch, so ist ganz klar, daß Montaigne ihm geraten hätte zu diesem Verrat: daß er sich unter gar keinen Umständen in Gefahr begeben solle, unter überhaupt keinen. Es sind nur Dummheiten, die Leidenschaften, die müssen beherrscht werden, in die Hand genommen. Das ist alles Unsinn. Das ist die große Meinung des Bürgertums, von Idealismus *keine* Spur, nirgends, das ist 1900, das ist auch in der an sich heruntergekommenen deutschen Klassik so, unter den Umständen der deutschen Misere, die infolgedessen niemals zu vergleichen ist mit der italienischen Klassik, mit der englischen, auch nicht mit der französischen. Das müssen wir absolut beibehalten, also das ist seine wirkliche Meinung.«
Zu II: »Er kennt jetzt diese Zerstörung, diese ungeheure Zerstörung, die Öde auf dem Gebiet der Wissenschaft. Und das *kann* er nicht aushalten, das kann der Galilei nicht aushalten, jetzt muß er widersprechen. Jetzt spürt er den Drang, den sein Gehirn bekämpft, als eine dumpfe schmutzige Geschichte gegen Rom, er versucht das absolut niederzuhalten, das darf er nicht sagen.«
Zu III: »Und plötzlich spürt er, das hat er gesagt!«

9. (59.) Probe, 23. 3. 56:
Im allgemeinen sprach Brecht viel vor, das wichtigste waren auf dieser Probe die Tonfälle.

Er erklärte Schall einen Widerspruch seiner Figur: »Sie müssen zwei Sachen spielen. Sie spielen die äußerste Kälte, zu der Sie sich verpflichtet fühlen, aber andererseits stimmt das nicht mit dem Fabrizius, das ist nicht wahr, Sie schieben es vor: Sie wollten, bevor Sie Italien verlassen, noch einmal Ihren Lehrer sehen. Das ist ein Bedürfnis, das Sie aber bekämpfen. Sie fühlen sich hier verpflichtet, repräsentativ für die italienische Wissenschaft den Helden zu zeigen. Beobachten Sie ihn immer wieder, wenn er nicht herschaut – immer wieder fasziniert hinschauen! Sie sind ja noch immer an ihn gebunden, das ist natürlich, Sie sind nicht fertig geworden mit der Sache, in keiner Weise. Schon weil alles kaputtging, schon deswegen. Also, da ist diese doppelte Taktik: daß diese kalten Sachen kommen, und wenn er nicht herschaut, kommt ein Hinschauen. Galilei sieht zerstört aus, er sieht alt aus, er ist in einer schrecklichen Lage. Aber Sie müssen ihn sich einprägen, Sie gehen weg, Sie werden ihn nie mehr sehen. Sie haben ihn zum letztenmal gesehen bei dieser schrecklichen Sache, bei dem Widerruf, wo er völlig zerstört war. Sie zeigen die Verwirrung, in die er Sie gestürzt hat: die ungeheure Autorität, die er mit Recht hat, andererseits dieses böse Beispiel, das er gegeben hat. Er zwingt Sie, ihn zu hassen, nicht?«

Dritter Vorgang	Regieanweisungen Brechts
ANDREA Ich werde die Nacht durch fahren, um die Grenze morgen früh überschreiten zu können. Kann ich gehen?	*Er ist eigentlich fertig, bringt es aber nicht fertig, zu gehen. Großes Tempo.*
GALILEI Ich weiß nicht, warum du gekommen bist, Sarti. Um mich aufzustören? Ich lebe vorsichtig und	

ich denke vorsichtig, seit ich hier bin. Ich habe ohnedies meine Rückfälle.

ANDREA Ich möchte Sie lieber nicht aufregen, Herr Galilei.

GALILEI Barberini nannte es die Krätze. Ich habe wieder geschrieben.

Galilei will Andrea nicht gespannt machen. Eitel. Nebenher.

ANDREA So?

Uninteressiert, höflich.

GALILEI Ich schrieb die »Discorsi« fertig.

ANDREA Was? »Gespräche, betreffend zwei neue Wissenszweige: Mechanik und Fallgesetze«? Hier?

Große Reaktion Andreas: Aufregung und Schrecken.

GALILEI Oh, man gibt mir Papier und Feder. Meine Oberen sind keine Dummköpfe. Sie schützen mich dann vor mißlichen Folgen, indem sie Seite für Seite wegschließen.

ANDREA O Gott!

Großes Mitleid, seine Feindseligkeit schmilzt.

GALILEI Sagtest du etwas?

ANDREA Man läßt Sie Wasser pflügen! Man gibt Ihnen Papier und Feder, damit Sie sich beruhigen! Wie konnten Sie überhaupt schreiben, mit diesem Ziel vor Augen?

GALILEI Oh, ich bin ein Sklave meiner Gewohnhei-

Galilei bekommt sich wieder in die Hand.

ten. Eingewurzelte Laster kann man nicht von heute auf morgen ausreißen.

ANDREA Die »Discorsi« in der Hand der Mönche. Und Amsterdam und London und Prag hungern danach.

Entsetzt.

GALILEI Ich kann Fabrizius jammern hören, pochend auf sein Pfund Fleisch, selber in Sicherheit sitzend.

Bösartig. Jetzt beginnt der Kampf.

ANDREA Zwei neue Wissenszweige so gut wie verloren!

GALILEI Es wird ihn und einige andere ohne Zweifel erheben, zu hören, daß ich die letzten kümmerlichen Reste meiner Bequemlichkeit aufs Spiel gesetzt habe, eine Abschrift zu machen.

ANDREA Sie haben eine Abschrift, wo?

Was? Das Buch ist nicht weg?

GALILEI Hinter meinem Rükken sozusagen, aufbrauchend die letzte Unze Licht der helleren Nächte von sechs Monaten.

Meine Eitelkeit hat mich bisher davon zurückgehalten, sie zu vernichten. Es wäre die Höhe der Torheit, sie auszuhändigen. Die Abschrift liegt im Globus. Solltest du erwägen, sie nach Holland mitzuneh-

Wirklich eitel, aber indem er sich selbst als Dummkopf schildert, beginnt der Umfall. Er hält es nicht mehr aus.

men, würdest du natürlich die gesamte Verantwortung zu schultern haben. Du hättest sie in diesem Falle von jemandem gekauft, der Zutritt zum Original im Heiligen Offizium hat.

Wirklich feige.

Andrea ist zum Globus gegangen, er holt die Abschrift heraus.

Schnell, er läßt Galilei keine Sekunde zur Überlegung, reißt die Abschrift aus dem Globus.

ANDREA Die »Discorsi«! *Er blättert in dem Manuskript.*

ANDREA *liest:* »Mein Vorsatz ist es, eine sehr neue Wissenschaft aufzustellen, handelnd von einem sehr alten Gegenstand der Bewegung. Ich habe durch Experimente einige ihrer Eigenschaften entdeckt, die wissenswert sind.«

GALILEI Etwas mußte ich anfangen mit meiner Zeit.

ANDREA Das wird eine neue Physik begründen.

GALILEI Stopf es untern Rock.

ANDREA Und wir dachten, Sie wären übergelaufen! Meine Stimme war die lauteste gegen Sie!

Frenetisch, aus dem Manuskript heraus.

GALILEI Das gehörte sich. Ich lehrte dich Wissenschaft, und ich verneinte die Wahrheit.

ANDREA Dies ändert alles. Alles!

GALILEI Ja?

ANDREA Sie versteckten die Wahrheit. Vor dem Feind. Auch auf dem Felde der Ethik waren Sie uns um Jahrhunderte voraus.

Atemlos.

GALILEI Erläutere das, Andrea!

Nur hier zeigt Galilei Interesse. Wirkliche Frage.

ANDREA Mit dem Mann auf der Straße sagten wir: er wird sterben, aber er wird nie widerrufen. – Sie kamen zurück: Ich habe widerrufen, aber ich werde leben. – Ihre Hände sind befleckt, sagten wir. – Sie sagen: Besser befleckt als leer.

Strahlend, ernst, ehrlich.

GALILEI Besser befleckt als leer. Klingt realistisch. Klingt nach mir. Neue Wissenschaft. Neue Ethik.

Galilei sieht für einen Moment die Möglichkeit der Entschuldigung. Er denkt wirklich nach.

ANDREA Ich vor allen anderen hätte es wissen müssen! Ich war zehn, als Sie eines anderen Mannes Fernrohr an den Senat von Venedig verkauften. Und ich sah Sie von diesem Instrument unsterblichen Gebrauch machen. Ihre Freunde schüttelten die Köpfe, als Sie sich vor dem Kind in

Enorm begeistert, sehr erregt, gleichzeitig mit kalter Logik.

Ganz groß.

Florenz verbeugten: die Wissenschaft gewann Publikum. Sie lachten immer schon über die Helden. »Leute, welche leiden, langweilen mich«, sagten Sie. »Unglück stammt von mangelhaften Berechnungen.« Und: »Angesichts von Hindernissen mag die kürzeste Linie zwischen zwei Punkten die krumme sein.«

Verbeugung spielen.

Mit Humor, Andrea steht jetzt über der Situation.

GALILEI Ich entsinne mich.

ANDREA Als es Ihnen dann 33 gefiel, einen volkstümlichen Punkt Ihrer Lehren zu widerrufen, hätte ich wissen müssen, daß Sie sich lediglich aus einer hoffnungslosen politischen Schlägerei zurückzogen, um das eigentliche Geschäft der Wissenschaft weiter zu betreiben.

Wohlwollend und spöttisch. Völlig souverän, erleichtert, befreit von Vorurteilen. Wegwerfend.

GALILEI Welches besteht in...

ANDREA ...dem Studium der Eigenschaften der Bewegung, Mutter der Maschinen, die allein die Erde so bewohnbar machen werden, daß der Himmel abgetragen werden kann.

GALILEI Aha.

ANDREA Sie gewannen die Zeit, ein wissenschaftliches

Werk zu schreiben, das nur Sie schreiben konnten.	
Hätten Sie in einer Gloriole von Feuer auf dem Scheiterhaufen geendet, wären die andern die Sieger gewesen.	*Groß.*
GALILEI Sie sind die Sieger. Und es gibt kein wissenschaftliches Werk, das nur ein Mann schreiben kann.	*Gelangweilt, das ist lächerlich, grob und bedauernd.*

Zum dritten Vorgang – Galilei gesteht, daß er die »Discorsi« geschrieben hat. Andrea baut eine neue Ethik.

1. (10.) Probe, 28. 12. 55:
Galilei hat gestanden, daß er die »Discorsi« geschrieben hat. Brecht erklärte, daß er jetzt den Andrea behandele wie jemanden, der ihn verleitet hat, gegen sein eigenes Wohlbefinden zu handeln.
Für Andrea hingegen ist jetzt alles anders. Beim Anblick der »Discorsi« ist er überzeugt, bisher nichts verstanden zu haben: Jetzt ist Galilei ein großer Mann, seiner Zeit auch ethisch um Jahrhunderte voraus. Er ging ins Lager der Reaktion, weil er die Muße zur Arbeit brauchte.
»Der ›Witz‹ ist: Sie sind enorm begeistert über das Buch und daß der Lehrer sich so bewährt hat; zugleich sprechen Sie wie ein Realist, ganz kalt, wie ein Ingenieur, mit kalter Logik – und das eben ist falsch!« (Brecht lachte sehr über diese seine Analyse.) »Sie bauen ihm eine goldene Brücke, zurück in die Wertschätzung der Wissenschaft – und er erklärt Ihnen: nichts davon, Angst hat er gehabt!«
»Schall, das sind Schillersche Sätze, großes Pathos!« Schall: »Das ist überhaupt eine Schillerszene!«
»Sie verstehen, Schall, vorhin, als Sie kamen, war es ganz selbstverständlich für Sie, daß er aus Angst widerrufen hat

– jetzt ist das schon ganz undenkbar. Nach der Riesenleistung der ›Discorsi‹ gilt es nicht mehr.«
»Busch, der Satz ›Meine Eitelkeit hat mich zurückgehalten‹ kommt wirklich eitel, das muß der eitelste Satz des ganzen Stückes sein.«

3. (25.) Probe, 20. 1. 56:
Brecht erklärte, daß ›Ich habe wieder geschrieben‹ aus Gründen der Illegalität kommen könne wie etwa ›Ich habe wieder getrunken‹. Die Wirkung auf Andrea ist einerseits eine große Aufregung, andererseits eine große Verzweiflung. »Er hat sich durch den Widerruf die Muße erkauft, das Werk zu schreiben, aber es ist verloren. – Das ist also ein Unglück: für ihn, für Sie, für die ganze wissenschaftliche Welt. Und erst dann stellt sich heraus, er hat es auch gerettet.« – »Galilei hat sich keineswegs entschlossen, das Werk aus der Hand zu geben. Jetzt erst beginnt er mit sich zu kämpfen.«
Die ›Theorie‹ Andreas probierte Brecht nur einmal durch, er arbeitete dann an der Reaktion Andreas auf Galileis Mitteilung, daß er aus Angst widerrufen habe.
»›Nein!‹ – Das ist Angst! Das *kann* nicht sein, das *darf* nicht sein, das ist unmöglich. Schauen Sie, wenn jemand auf Sie zukommt mit einem Messer und es Ihnen in die Brust stoßen will: Nein! Erschrocken, trocken, ohne Spucke.«
»›Nein!‹ – angstvoll, das paßt gar nicht in die Legende, daß er Angst gehabt hat, da *muß* noch etwas dahinter sein.«
›So war es kein Plan‹. Brecht sprach den Satz vor, mit kleiner müder enttäuschter Stimme, nicht als Frage, sondern als Feststellung.
»Schall, dann machen Sie sich wieder stark; die Hauptsache, er hat abgeliefert.«

4. (26.) Probe, 21. 1. 56:
Brecht probierte nur den ersten Teil der Szene, bis zu dem Geständnis, daß Galilei die »Discorsi« geschrieben habe. Er

überlegte mit den Schauspielern: »Das müssen Sie erst aufbauen, das ist eine große Sache. Wir wollen mal sehen, wie lange er höflich bleibt. Andrea will weg, und Galilei sagt, um ihn zu halten, irgend etwas daher, er hat Rückfälle, er hat wieder geschrieben, die ›Discorsi‹ – Was! Jetzt aber her! Her mit den ›Discorsi‹! *Das* müssen wir kriegen.«
»Schall, Ihre steife Haltung ist schön, wenn Sie sich ab und zu durchfallen lassen. Das ist nicht eine Charakterfrage, es ist anstrengend, Sie nehmen sich zusammen. Es war immer anstrengend, mit ihm zu sprechen.« – »Sie dürfen nicht laufen, Schall. Kein Gang. Nur Mitleid, Mitleid mit Galilei, mit der gesamten wissenschaftlichen Welt, mit sich selber, ungeheure Enttäuschung – und der überlegt jetzt, ob er ihm gestehen soll, daß eine Kopie da ist.«
»›Hier‹ – das muß das stillste sein, ob laut oder leise, hier, unter den Augen der Mönche?«

5. (27.) Probe, 23. 1. 56:
Brecht arbeitete ›die neue Ethik‹ Andreas.
»Wissen Sie, die ganze Geschichte zahlt sich jetzt für Sie aus. Da ist ein wunderbarer Humor drin, in dieser neuen Ethik, eine List, eine Schlauheit. Sie sind strahlend, daß Sie das entdecken, Sie werfen den Ballast der Vorurteile von dreihundert Jahren ab! Alles wird so einfach, alles ist erlaubt, da kann man endlich arbeiten.«
»›einen volkstümlichen Punkt Ihrer Lehren‹ – eben haben Sie gesagt: ›die Wissenschaft gewann Publikum‹, jetzt ist es für Sie schon zu einer Art Pöbel geworden, Sie bauen Ihre Theorie, wie es Ihnen gerade paßt. Wenn Sie diese brutalen Sätze sagen, alles geht über Leichen, da muß auch das Publikum merken, irgend etwas stimmt da nicht! Das ist das, was er rausgeholt hat, es ist aber ganz falsch!«

6. (55.) Probe, 20. 3. 56:
Brecht erklärte, daß Andrea für kurze Zeit erreichen müsse,

Galilei mit seiner neuen Ethik mitzureißen, mit seinem Enthusiasmus. Galilei müsse, allerdings nur ganz kurz, zweifeln, bis er erkennt, die Brücke hält nicht, die ihm da gebaut wird. Bei ›Besser befleckt als leer‹ denkt Busch mit: das hat er zwar nie gesagt, aber die Theorie ist verführerisch. Busch spielte das, im Sessel zurückgelehnt, die Arme verschränkt, nachdenkend und doch den Jungen jeden Augenblick beobachtend. Brecht arbeitete mit Schall von Satz zu Satz: was das Publikum erwartete und was Galilei tat. Und er verlangte von Schall, die Überraschung über das Unerwartete mitzuspielen.

Bei ›vor dem Kind in Florenz verbeugten‹ verbeugte sich Schall wirklich. Brecht sagte lachend: »Ja, Schall, behalten Sie das bei, das Verbeugen, das wird dann lächerlich. Er hat sich ja wirklich verbeugt damals – und dadurch wird jetzt der Wurm in Ihrer Theorie sichtbar! Man wird aufmerksam, daß da etwas nicht stimmt!«

Es war wirklich komisch, wie die Verbeugung des Galilei, in den Blickpunkt gerückt und verfremdet durch die des Andrea, jetzt nachträglich als lächerlich erkennbar wurde.

Bei ›eines anderen Mannes Fernrohr an den Senat verkauften‹ sagte Brecht: »Schall, das können Sie ihm auch jetzt nur ganz delikat beibringen. Für die Wissenschaftler ist das noch heute das Schlimmste, was Galilei getan hat. Das hätte er nicht tun dürfen. Der Widerruf – da hat man ihn bedroht. Aber die Sache mit dem Fernrohr griff in die Eigentumsverhältnisse ein, also kurz: tief!«

»In der Andrea-Szene muß die Leidenschaftlichkeit der Wissenschaftler gezeigt werden, das sind keine Diplomaten oder Politiker! Da gibt es echte Leidenschaft. Sie bauen jetzt ein Galilei-Bild für die nächsten Jahrhunderte auf; es ist übrigens das, was bis heute geblieben ist, in den klassischen Standardwerken bis heute.«

7. (56.) Probe, 21. 3. 56:
Brecht erklärte: Hier spielt man ein Werk der Wissenschaft, und es stellt sich heraus, daß das so wenig in der Tradition der Schauspielkunst liegt, daß sich niemand aufregt über die Wissenschaft. Die Schauspieler sind gewöhnt, sich aufzuregen, wenn eine Schlacht verlorengeht – aber nicht über die Wissenschaft.

»Der Mensch regt sich halt auf, auch der Wissenschaftler. Das war die große Sensation des Jahrhunderts auf diesem Gebiet, ohne die vier Bewegungsgesetze des Galilei gäbe es überhaupt keine moderne Physik. Das ist völlig entscheidend: ein revolutionäres Werk, technisch, geistig, physikalisch – das heißt nicht: ›Ich habe wieder einen Roman geschrieben, meinen siebzehnten‹, das ist nicht dasselbe.«

»Wenn das nicht so ist, Schall, daß Sie ihm das Werk rausreißen, um über die Grenze zu gehen damit, kommt das nicht.«

»Galilei muß versuchen, zu widerstehen. Zuerst hat sich festgesetzt, ›die Wissenschaft ist ruiniert, die Kirche sitzt mit dickem Arsch drauf, Descartes arbeitet nicht mehr‹. Galilei sitzt in seinem Gefängnis, und er hat nicht erfahren, was Licht ist, die kalten Antworten, das höfliche Interesse von Andrea reizen ihn, das kann er nicht aushalten. – Also sagt er, daß er wieder geschrieben hat, er spricht über die ›Discorsi‹. Das muß aber kolossal wirken, wie die H-Bombe!« – »Das Wort ›Discorsi‹ hätte er nicht sagen dürfen, jetzt ist er in Lebensgefahr. Busch, Sie kriegen sich wieder in die Hand, Sie haben zuviel gesagt, jetzt lügen Sie ihn frech an.«

›Menschliche Schwächen gehen die Wissenschaft nichts an.‹ – ›Nein?‹ »Hier wird eine große Frage aufgeworfen. Die muß jeder im Publikum beantworten. Das braucht eine Pause. Von hundert Intellektuellen werden hundert, sagen wir neunundneunzig, übertragen von Wissenschaft auf Politik fünfundneunzig, zustimmen: menschliche Schwächen gehen die Wissenschaft (Politik) nichts an.«

Brecht ließ die »neue Ethik« von Schall mit großem Pathos

sprechen, große Gänge machen, »er ergeht sich seine Theorie«. »Sprechen Sie mit großem Schillerschem Pathos, Schall, spielen Sie Don Carlos.« Und Brecht sagte begeistert: »Der spricht großartig Schiller, freilich nur, weil der Text von mir ist.«

Vierter Vorgang	Regie-Anweisungen Brechts
ANDREA Warum dann haben Sie widerrufen?	*Kindlich, bestürzt.*
GALILEI Ich habe widerrufen, weil ich den körperlichen Schmerz fürchtete.	
ANDREA Nein!	*Erschrocken, trocken, ohne Spucke. Mit Angst.*
GALILEI Man zeigte mir die Instrumente.	
ANDREA So war es kein Plan. *Pause.*	*Große Enttäuschung.*
GALILEI Es war keiner.	
ANDREA *laut:* Die Wissenschaft kennt nur ein Gebot: den wissenschaftlichen Beitrag.	
GALILEI Und den habe ich geliefert. Willkommen in der Gosse, Bruder in der Wissenschaft und Vetter im Verrat! Ißt du Fisch? Ich habe Fisch. Was stinkt, ist nicht mein Fisch, sondern ich. Ich verkaufe aus, du bist ein Käufer. O unwiderstehlicher Anblick des Buches, der geheiligten Ware! Das Wasser läuft im Munde zusammen, und die Flüche	*Böse, grinsend, nicht lachen.*

ersaufen. Die Große Babylonische, das mörderische Vieh, die Scharlachene, öffnet die Schenkel, und alles ist anders! Geheiligt sei unsre schachernde, weißwaschende, todesfürchtige Gemeinschaft!

ANDREA Todesfurcht ist menschlich! Menschliche Schwächen gehen die Wissenschaft nichts an.

Protest, aber unsicher abwehrend.

GALILEI Nein!? – Mein lieber Sarti, auch in meinem gegenwärtigen Zustand fühle ich mich noch fähig, Ihnen ein paar Hinweise darüber zu geben, was die Wissenschaft alles angeht, der Sie sich verschrieben haben.

Kleiner Hohn, nicht ohne Langeweile.

Herein Virginia mit einer Schüssel.

GALILEI In meinen freien Stunden, deren ich viele habe, bin ich meinen Fall durchgegangen und habe darüber nachgedacht, wie die Welt der Wissenschaft, zu der ich mich selber nicht mehr zähle,

Überheblich.

ihn zu beurteilen haben wird. Selbst ein Wollhändler muß, außer billig einkaufen und teuer verkaufen, auch noch darum besorgt sein, daß der Handel mit Wolle unbehindert vor sich gehen kann.

Der Verfolg der Wissenschaft scheint mir diesbezüglich besondere Tapferkeit zu erheischen. Sie handelt mit Wissen, gewonnen durch Zweifel. Wissen verschaffend über alles für alle, trachtet sie, Zweifler zu machen aus allen. Das Elend der vielen ist alt wie das Gebirge und wird von Kanzel und Katheder herab für unzerstörbar erklärt wie das Gebirge. Unsere neue Kunst des Zweifelns entzückte das große Publikum. Es riß uns das Teleskop aus der Hand und richtete es auf seine Peiniger.

Nach dem arroganten Anfang sachliche Analyse, er kommt ins echte Arbeiten, eine wirkliche geistige Leistung, aber nicht mit zuviel Interesse, etwa mit dem an einer mathematischen Gleichung.

Aber können wir uns der Menge verweigern und doch Wissenschaftler bleiben? Die Bewegungen der Himmelskörper sind übersichtlicher geworden; immer noch unberechenbar sind den Völkern die Bewegungen ihrer Herrscher. Der Kampf um die Meßbarkeit des Himmels ist gewonnen durch Zweifel;

Echte Frage, vielleicht kann man das?

durch Gläubigkeit muß der

Ohne Mitleid.

Kampf der römischen Hausfrau um Milch immer aufs neue verlorengehen.

Die Wissenschaft hat mit beiden Kämpfen zu tun. Eine Menschheit, stolpernd in diesem tausendjährigen Perlmutterdunst, zu unwissend, ihre eigenen Kräfte voll zu entfalten, wird nicht fähig sein, die Kräfte der Natur zu entfalten, die ihr enthüllt.

Er hat den einen nicht geliefert, die Praxis.

Wofür arbeitet ihr? Ich halte dafür, daß das einzige Ziel der Wissenschaft darin besteht, die Mühseligkeit der menschlichen Existenz zu erleichtern.

Ungeduldig.

Wenn Wissenschaftler, eingeschüchtert durch selbstsüchtige Machthaber, sich damit begnügen, Wissen um des Wissens willen aufzuhäufen, kann die Wissenschaft zum Krüppel gemacht werden, und eure neuen Maschinen mögen nur neue Drangsale bedeuten. Ihr mögt mit der Zeit alles entdecken, was es zu entdecken gibt, und euer Fortschritt wird doch nur ein Fortschreiten von der Menschheit weg sein. Die

Kluft zwischen euch und ihr kann eines Tages so groß werden, daß euer Jubelschrei über irgendeine neue Errungenschaft von einem universalen Entsetzensschrei beantwortet werden könnte.

Ich hatte als Wissenschaftler eine einzigartige Möglichkeit. In meiner Zeit erreichte die Astronomie die Marktplätze. Unter diesen ganz besonderen Umständen hätte die Standhaftigkeit eines Mannes große Erschütterungen hervorrufen können. Ich habe die Überzeugung gewonnen, Sarti, daß ich zudem niemals in wirklicher Gefahr schwebte.

Er will niemanden überzeugen, spricht für sich, aber keine Selbstvorwürfe. Routinemäßig, leere Kraft, lediglich beweisend, daß sein Gehirn noch intakt ist.

Einige Jahre lang war ich ebenso stark wie die Obrigkeit. Und ich überlieferte mein Wissen den Machthabern, es zu gebrauchen, es nicht zu gebrauchen, es zu mißbrauchen, ganz wie es ihren Zwecken diente. Ich habe meinen Beruf verraten. Ein Mensch, der das tut, was ich getan habe, kann in den Reihen der Wissenschaft nicht geduldet werden.

Kernpunkt, Galilei hat sich und seine Klasse unterschätzt. Erst jetzt verteilt er die Gewichte richtig.

Weiter ist über mich nichts zu sagen. Keinesfalls edel.

Virginia, die regungslos dagestanden hat, stellt die Schüssel auf den Tisch.

VIRGINIA Du bist aufgenommen in die Reihen der Gläubigen.

GALILEI Richtig. – Ich muß jetzt essen.

Bösartig, nachdem er »abgeliefert« hat. Verabschiedung.

Andrea hält ihm die Hand hin. Galilei sieht die Hand, ohne sie zu nehmen. Galilei geht zum Tisch.

GALILEI Jemand, der hier durchkam, hat mir zwei Gänse geschickt. Ich esse immer noch gern.

ANDREA Sind Sie nicht mehr der Meinung, daß ein neues Zeitalter angebrochen ist?

Erschüttert, er kann kaum sprechen.

GALILEI Doch. – Gib acht auf dich, wenn du durch Deutschland kommst, mit der Wahrheit unter dem Rock.

ANDREA *außerstande, zu gehen:* Hinsichtlich Ihrer Einschätzung des Verfassers, von dem wir sprachen, weiß ich Ihnen keine Antwort. Aber ich kann mir nicht denken, daß Ihre mörderische Analyse das letzte Wort sein wird.

GALILEI Besten Dank, Herr.

Er fängt an zu essen.

Trocken, spöttisch, humorvoll.

VIRGINIA *Andrea hinausgeleitend:* Wir haben Besucher aus der Vergangenheit nicht gern. Sie regen ihn auf. *Andrea geht. Virginia kommt zurück.*

GALILEI Hast du eine Ahnung, wer die Gänse geschickt haben kann?

VIRGINIA Nicht Andrea. *Hart.*

GALILEI Vielleicht nicht. Wie ist die Nacht?

VIRGINIA Hell.

Zum vierten Vorgang – Galilei analysiert seinen Fall

1. (10.) Probe, 28. 12. 55:
Brecht erzählte, daß diese Szene in Kalifornien die stärkste gewesen sei, nicht wegen des geistigen Gehalts, sondern wegen der Begegnung Lehrer – Schüler. Das sei der theatralische Gehalt der Szene, allerdings sehr schwer darstellbar.
Galilei sei jetzt ein bösartiger alter Mann, der dem Schüler erklärt, was er von ihm hält: ein Dummkopf, dem er das ABC seiner Wissenschaft, das analytische Denken, beibringen muß.
Andrea irrte sich, als er annahm, daß Galilei – indem er widerrief – seiner Zeit ethisch um dreihundert Jahre voraus gewesen sei. Aber nun sagt Galilei einen Satz, mit dem er seiner Zeit tatsächlich um dreihundert Jahre voraus ist: »Ich halte dafür, daß das einzige Ziel der Wissenschaft darin besteht, die Mühseligkeit der menschlichen Existenz zu erleichtern.«

5. (27.) Probe, 23. 1. 56:
›Willkommen in der Gosse, Bruder ...‹ – Schall stand mit hängenden Schultern, entsetzt auf Busch schauend wie auf

einen Skorpion. Busch spielte wunderbar schlechte Laune; er ließ merken, wie es ihn langweilte, den ehemaligen Schüler jetzt auch noch belehren zu müssen.
›Wofür arbeitet ihr?‹ – »Ungeduldig: wofür arbeitet ihr eigentlich? Für weiß Gott was, nur nicht dafür, daß ihr neue Schuhe kaufen könnt!«
›Besten Dank, Herr‹, sagte Busch trocken, leicht, humorvoll, abweisend. Brecht lachte sehr: »Das ist kolossal, Busch, großartig. Warum nicht? Er hat wieder mal seinen schlechten Trieben nachgegeben, jetzt frißt er. Das müßte in völlige Leere und Dummheit übergehen, ja nicht edel, er hat abgeliefert, jetzt ist er nur noch ein bösartiger alter Mann!«
Während des Satzes ›Hast du eine Ahnung, wer die Gänse geschickt haben kann‹ ließ Brecht von Virginia Galileis Bett zur Nachtruhe zurechtmachen, ein Gegenstück zur ersten Szene, die damit anfing, daß Frau Sarti ihm, nach dem Aufstehen am Morgen, das Bett ordnete. »Eine simple Sache«, sagte Brecht dazu.

8. (58.) Probe, 22.3.56:
Brecht erklärte, daß Galilei mit dem Widerruf sich selbst unterschätzt habe.
»Er war gar nicht so schwach, wie er meinte, er war ziemlich stark. Eine Zeitlang war er stärker als der Papst und die ganze Inquisition. Er durfte nicht, unter gar keinen Umständen, gefoltert werden. Von Töten keine Rede. Er wäre in Rom nicht sicher gewesen, wenn Rom nur Rom gewesen wäre, aber Rom war auch abhängig von Paris, von Madrid, das hat er außer acht gelassen, das ist der Witz!«
»Er sagt manchmal Gescheitheiten. Zum Beispiel in der 8. Szene erklärt er seinen Schülern, daß der Klerus ihm diese große Reputation verschafft habe, weil er geschwiegen habe. Aber er hat sie jetzt, und dann vergißt er wieder, daß er sie hat. Ich glaube, das ist völlig realistisch.«
›Wissen, gewonnen durch Zweifel‹ – »Busch, das Wort ›Zwei-

fel‹, gesagt um 1600, der positive Zweifel, das Suchen in der Wissenschaft, das besteht aus Uran, das ist wie heute das Wort Kritik! Das ist ganz wichtig!« – »So ein kolossales Versehen, was ich mir da geleistet habe, das kann man in der Wissenschaft nicht dulden. Ich habe mein ganzes Verdienst aufgebraucht. Das war ein Berufsunfall; es war ein Unglück, daß zu meiner Zeit gerade meine Wissenschaft sich so kolossal veränderte.«
»Ich glaube, wir sollten mal versuchen, runterzuerzählen, ohne jeden Versuch, es klar zu machen, etwas überheblich, mit der Sicherheit eines großen Genies, auch ein klein bißchen arrogant, nicht? Das kommt so runter, daß das Ganze selbstverständlich ist. Wenn das Publikum nicht verstanden hat, am Schluß hören sie, der Mann verurteilt sich selbst. Mehrere Sätze werden sie schon verstehen, einige werden sie gar nicht verstehen, das ist so im Theater.«

Begrüßung der neuen Zeit?

Die Fabel eines Stückes kann auf verschiedene Weise erzählt werden. Brecht erzählte die des »Galilei« einmal, indem er einen englischen Kinderreim zitierte:

Humpty-Dumpty sat on a wall,
Humpty-Dumpty had a great fall,
All the King's horses and all the King's men
Cannot put Humpty-Dumpty together again.

»Weiter geschieht eigentlich nichts«, sagte Brecht, aber er fügte gleich darauf auch den »Witz der Sache«[1] hinzu, indem er noch den von ihm bewunderten Karl Valentin zitierte:

Zwei Knaben stiegen auf eine Leiter,
der oben war etwas gescheiter,

1 Brecht über Hegel: »Den Witz der Sache hat er die Dialektik genannt ... Ich habe noch keinen Menschen ohne Humor getroffen, der die Dialektik des Hegel verstanden hat« (Aus den »Flüchtlingsgesprächen«).

der unten war etwas dumm.
Auf einmal fiel die Leiter um.

Brecht zeigt die Vergänglichkeit jedes Vorganges durch den Widerspruch[1], der sich meldet: Galileis Forschungstrieb ist ein lebensgefährliches Laster, dem er nicht widerstehen kann, aber die Gesellschaft verdankt ihm die »Discorsi«. Galilei liefert die »Discorsi« aus Eitelkeit aus, seine Rückfälle beklagend und verurteilend, aber die Übergabe bleibt Dienst an der Gesellschaft.

Galileis Zynismus enthält wissenschaftliche Ehrlichkeit und Andreas Ethik – ›Furcht paßt nicht zur Leistung der »Discorsi«‹ – Mangel an analytischem Denken. Galileis Eingeständnis des Verbrechens enthält die Ablehnung einer Entschuldigung, Andreas Verteidigung – und Galilei hat tatsächlich durch den Widerruf Zeit gefunden, das Buch zu schreiben, – enthüllt seine Korrumpierung durch die Auslieferung des Buches. Galileis Analyse beweist die Unzerstörtheit seines Gehirns, aber die Klarheit seines Denkens macht das Verbrechen verurteilungswürdiger. Galileis zynische Selbstverurteilung enthält die Belehrung: für Andrea, für uns[2].

Galilei: »Sie handelt mit Wissen, gewonnen durch Zweifel«, und Brecht: »Busch, das Wort ›Zweifel‹, gesagt um 1600, der positive Zweifel, das Suchen in der Wissenschaft, das besteht aus Uran, das ist wie heute das Wort Kritik! Das ist ganz wichtig!«

Nicht der Zweifel schlechthin, sondern der »positive Zweifel«, der Zweifel um der Erkenntnis der Wahrheit willen treibt Galilei, zu forschen; dieser Lust am Zweifel verdankt die Gesellschaft seine Erfindungen, seine Entdeckungen. Aber Galilei lebte in einer Gesellschaft, in der der Zweifel zum Laster wird, dem er zu widerstehen strebte, dann nämlich, als

1 Bertolt Brecht: »Kleines Organon für das Theater«, Abschnitt 45, s. *Schriften zum Theater, Band 7*.

2 Vgl. dazu S. 75 dieses Bandes.

die Ergebnisse seines Zweifels, die Wahrheit, von der herrschenden Klasse unterdrückt werden mußten, damit sie nicht zur Waffe der Unterdrückten wurden.
Galilei verläßt den Kampf, er übergibt die Ergebnisse seiner Forschung den Herrschenden, ›sie zu brauchen, nicht zu brauchen, sie zu mißbrauchen, wie es ihnen gefallen mag‹. Und Galilei verurteilt sein Versagen: »Wer die Wahrheit nicht weiß, der ist bloß ein Dummkopf. Aber wer sie weiß und sie eine Lüge nennt, der ist ein Verbrecher.« Doch nicht weniger als sich selbst verurteilt Galilei eine Gesellschaft, die ihm zumutet, für die Wahrheit mit dem Leben zu zahlen, eine Gesellschaft, in der die Produktivität sich gegen den Produzierenden kehrt, in der die Leistung zum Verbrechen wird. Galilei ist der »Zumutung« nicht gewachsen (was ihn nicht hindert, es von seinen Schülern zu erhoffen), aber seine Anklage gegen die Gesellschaft bleibt. Der Widerspruch ist nicht individuell lösbar, sondern nur gesellschaftlich und in Kämpfen, er ist nicht lösbar in einer Klassengesellschaft, sondern nur durch deren Überwindung.
Galilei fordert in der Schlußanalyse zur Lösung auf: er verhöhnt die korrupte Ethik Andreas, die moralische Rechtfertigung einer »Wissenschaft um der Wissenschaft willen«, denn, auch jetzt noch: »Ich halte dafür, daß das einzige Ziel der Wissenschaft darin besteht, die Mühseligkeit der menschlichen Existenz zu erleichtern.«

Ernst Schumacher
Form und Einfühlung

Brecht hat vom Standpunkt der Dramaturgie des epischen Theaters aus von Anfang an Einwände gegen sein Stück »Leben des Galilei« erhoben. In einer ersten Tagebuchaufzeichnung über die Fertigstellung des neuen Stückes, am 23. November 1938, schrieb er: »Das ›Leben des Galilei‹ abgeschlossen. Brauchte dazu drei Wochen. Die einzigen Schwierigkeiten bereitete die letzte Szene. Ähnlich wie in der ›Johanna‹ brauchte ich am Schluß einen Kunstgriff, um auf jeden Fall dem Zuschauer den nötigen Abstand zu sichern. Selbst der unbedenklich sich Einfühlende muß zumindest jetzt, auf dem Weg der Einfühlung selber in den Galilei, den V-Effekt verspüren. Bei streng epischer Darstellung kommt eine Einfühlung erlaubter Art zustande.«
Am 25. Februar 1939 notierte er: »›Leben des Galilei‹ ist technisch ein großer Rückschritt, wie ›Frau Carrars Gewehre‹. Allzu opportunistisch. Man müßte das Stück vollständig neu schreiben, wenn man diese ›Brise, die von neuen Küsten kommt‹, diese rosige Morgenröte der Wissenschaft haben will. Alles mehr direkt, ohne die Interieurs, die ›Atmosphäre‹, die Einfühlung. Und alles auf planetarische Demonstration abgestellt. Die Einteilung könnte bleiben, die Charakteristik des Galilei ebenfalls, aber die Arbeit, die lustige Arbeit, könnte nur in einem Praktikum gemacht werden, im Kontakt mit einer Bühne. Es wäre zuerst das ›Fatzer‹-Fragment und das ›Brotladen‹-Fragment zu studieren. Diese beiden Fragmente sind der höchste Standard technisch.«
Geben wir noch die anderen Äußerungen Brechts über die formalen Mängel des Galilei-Stückes wieder; sie datieren wesentlich später, aus der Zeit der Umarbeitung und Neuerarbeitung der amerikanischen Fassung.
Am 16. Januar 1945 reflektierte Brecht: »Im ›Galilei‹ mit seinen

Interieurs und Stimmungen wirkt die dem epischen Theater entnommene Bauart der Szenen merkwürdig theatralisch.«
In einer Eintragung vom 30. Juli 1945 äußerte er: »Im Formalen verteidige ich dieses Stück nicht besonders kräftig.« Zum Schluß der Aufzeichnung heißt es: »So ist der ›Galilei‹ in meiner Produktion immerhin interessant als Gegenbeispiel zu den Parabeln. Dort werden Ideen verkörpert, hier eine Materie gewisser Ideen entbunden.«
Der Kern der Einwände, die Brecht gegen das Stück hatte, blieb über die Jahre hinweg der gleiche: das Stück ermögliche eine Einfühlung im Sinne der aristotelischen Dramatik und besitze keinen ausgesprochenen Demonstrationscharakter, wie er vom Standpunkt des epischen Theaters aus notwendig ist. Die Charakterisierung mit »Interieurs«, »Atmosphäre«, »Einfühlung«, »theatralisch« läßt das »Opportunistische«, das Brecht kritisiert, gleichsam als Zugeständnis an die Realismus-Kriterien Georg Lukács' erscheinen, gegen die Brecht in der Theorie Sturm lief. Es erhebt sich die Frage, warum Brecht diesem »Opportunismus« nachgab und nicht einmal bei der Umarbeitung in Amerika »alles auf planetarische Demonstration« abstellte, die er für wünschenswert hielt, aber in der ersten Fassung nicht praktiziert hatte ...
Warum mußte sich Brecht »opportunistisch« verhalten und auf die konsequent demonstrative Spielweise in seinem Galilei-Stück verzichten? Die Antwort kann nur darin gefunden werden, daß er es nicht mit einer erdachten, sondern mit der wirklichen Geschichte zu tun hatte, die er zur Verdeutlichung der gegenwärtigen Geschichte benützte. Brecht bediente sich zur Verfremdung aktualer Geschehnisse – der mangelnden Verantwortung der Wissenschaft gegenüber der Gesellschaft, des komplizierten Anbruchs einer neuen Zeit, der widerspruchsvollen Durchsetzung der Vernunft –, also zur »Historisierung«, der Historie. Im Leben Galileis fand er eine analoge »Situation mit Modellcharakter« für das aktuale Geschehen. Aber dieses Modell besaß eine unveränderliche Konsistenz, es

ließ sich nur ganz begrenzt »experimentell« manipulieren. Der Bericht, der vom Leben Galileis auf der Bühne gegeben wurde, ließ es sich nur in eben dem Maße »einrichten«, als es die technisch bedingten Umstände der Bühne erfordern. Die Geschichte konnte gerahmt werden, aber sie ließ sich nicht montieren wie die erdachten Geschichten. Die Grundhaltung, der gesellschaftliche Gestus, war durch die Geschichte vorgegeben und konnte nicht »gestellt« werden. Es war nicht möglich, eine »Gestentafel« zu entwerfen (als solche bewertete Brecht die Szenen von »Furcht und Elend des Dritten Reiches« – Tagebucheintragung vom 15. August 1938 –, wenn die Gesten auf der Tafel der Geschichte vorgezeichnet waren. Es ließen sich nur bedingt gesellschaftliche Konstellationen und Situationen erdenken; vielmehr hatte das Denken mit gegebenen überlieferten Konstellationen und Situationen zurechtzukommen. Die Umschläge konnten nicht geleitet, dirigiert, herbeigeführt, sondern mußten abgeleitet werden. Die »Anordnung der Materie« war fixiert und nur bedingt manipulierbar, nämlich nur im Sinne der dramatischen Notwendigkeit, das Leben Galileis zu komprimieren und die Schwerpunkte in eine dramaturgische Proportionalität zu bringen. Dabei blieb nicht das Prinzip der Montage, sondern einer »organischen« Bauweise entscheidend. Gerade aus der epischen, referierenden Struktur des Stückes ergab es sich, daß die Anlage der Handlung dem »alten Schema« von Exposition – Schürzung des Knotens (Peripetie) – überraschende Lösung glich, da der Ablauf von Galileis Leben, dem die Handlung folgte, eine solche Beschaffenheit besaß. Nicht der Dramatiker, sondern die Geschichte hatte die entsprechenden Grundsituationen konstruiert.

Die Geschichte, wie sie war, nicht wie sie erfunden wurde, erlaubte daher nur eine Illustration, keine Demonstration, wenn sie als Medium für die Bewußtmachung aktualer Probleme benützt wurde. Da Brecht in seinen kritischen Bemerkungen zum Galilei-Stück auf die »Heilige Johanna der Schlachthöfe«

verwies, darf der fundamentale Unterschied zwischen beiden Stücken in Erinnerung gebracht werden. Im einen Fall benützte Brecht zur Verdeutlichung der Gegenwart die wirkliche Geschichte, im anderen bediente er sich nur geschichtlicher Formen. Im Fall Galilei mußte er daher der Geschichte folgen, im Fall Johanna brauchte er sich nicht um sie zu kümmern. Als er 1952 den »Prozeß der Jeanne d'Arc zu Rouen 1431« nach dem Hörspiel von Anna Seghers bearbeitete, folgte er wie im »Leben des Galilei« der wirklichen Geschichte. Während daher die Verfremdungseffekte in der »Heiligen Johanna der Schlachthöfe« ihre Funktion, Aktuales zu »historisieren«, das heißt, es als veränderbar ins Bewußtsein zu heben, auf demonstrative Weise erfüllen konnten, konnten sie in »Leben des Galilei« nur dazu dienen, Vergangenes so zu »enthistorisieren«, daß die Analogie zur Gegenwart bewußt wurde; sie übten primär die Funktion aus, die Illustration zu verfremden.

Daß Brecht die von ihm entwickelten Verfremdungsmittel nur in diesem Sinne verwenden konnte, geht aus den »Anmerkungen« zur Aufführungsweise hervor, die er für die amerikanische Inszenierung verfaßte und dann ins Deutsche übertrug. Brecht konzedierte darin: »An und für sich kann ›Leben des Galilei‹ ohne größere Umstellung des zeitgenössischen Theaterstils aufgeführt werden, etwa als ein historischer ›Schinken‹ mit einer großen Rolle. Eine konventionelle Aufführung (die übrigens den Aufführenden keineswegs als konventionell zum Bewußtsein zu kommen brauchte, um so weniger, wenn sie originelle Einfälle aufwiese) müßte jedoch die eigentliche Kraft des Stückes beträchtlich schwächen.«

Brecht mußte dieses Zugeständnis machen, eben weil der überlieferte geschichtliche Stoff, der bereits zur Verfremdung aktualer Vorgänge diente, nicht noch in sich selber auf die gleiche demonstrative Weise verfremdet werden konnte wie eine erdachte Geschichte. Eine solche zweite Verfremdung wäre theoretisch möglich, wenn nach dem Prinzip des klassischen chinesischen Singspiels verfahren würde, von dem Brecht eingestandenermaßen für die Entwicklung des Verfremdungseffekts gelernt hat.[1] Aber der Verfremdungseffekt auf der chinesischen Bühne ist rein formaler Natur; er dient nicht dem Zweck, dem Zuschauer ein reales Bewußtsein der dargestellten gesellschaftlichen Gegenstände zu vermitteln. Wenn Brecht seinem Zuschauer gerade ein solches Bewußtsein über die Galilei-Situation der Gegenwart vermitteln wollte, konnte er die Verfremdung durch die geschichtliche Modellsituation vornehmen, konnte aber diese nicht so behandeln wie eine erfundene Geschichte. Die Verfremdungsmittel konnten nur zur Verdeutlichung der gesellschaftlichen Kausalität der vergangenen Geschichte benützt werden. Sie konnten nur teilweise, nicht als Ensemble zur Verwendung kommen. Von den Verfremdungsmitteln konnte Brecht nicht die direkte Vorstellung der handelnden Personen und die referierende Einführung brauchen. Er mußte die Figuren vielmehr durch Handlung exponieren. Er konnte die handelnden Personen nicht aus der Handlung heraustreten und sie moralisieren und kommentieren lassen. Die kritischen Gesichtspunkte mußten sich aus dem Verhalten der geschichtlichen Figuren ergeben. Sogar in der Form des Bänkelsängerliedes blieben sie ein organischer Bestandteil der ungebrochenen, ununterbrochenen Handlung. Auch dort, wo sie »unorganisch« waren, nämlich in der Form tendenziöser Gedanken und Überlegungen, waren sie dem Dialog hinzugefügt, nicht »einmontiert« und dadurch herausgehoben. So wenig es angebracht sein konnte, die Figuren aus der Handlung heraustreten zu lassen, so wenig konnte der geschichtliche Stoff durch nicht in die Handlung einbezogene Chöre kommentiert werden. Die verschiedenen Szenen besaßen einen relativ geschlossenen Charakter, aber sie folgten nicht wie Nummern aufeinander, sondern waren notwendige

1 Vgl. den Essay »Verfremdungseffekte in der chinesischen Schauspielkunst«, s. *Schriften zum Theater*, Band 5.

Teile eines organischen, gewordenen Ganzen. Sogar die ausgesprochen demonstrativen Elemente besaßen nicht die Funktion der Demonstration, wie sie das streng epische Theater bestimmt. Sie besaßen lediglich eine erläuternde, illustrierende Funktion, wie die Verwendung des Astrolabs zur Verdeutlichung des ptolemäischen Weltsystems sowie eines Stuhls, einer Waschschüssel und eines Apfels zur Verdeutlichung des kopernikanischen Weltbildes beweisen. Die Demonstration mit den schwimmenden Körpern bildet einen organischen Teil der Handlung, sie tritt nicht aus ihr hervor.

Alle anderen Verfremdungsmittel dienen wie diese demonstrierenden Elemente der Kennzeichnung und Verdeutlichung der historischen Umwelt, in welcher sich Galilei zu bewähren hatte, nicht der gegenwärtigen. Am besten läßt sich das aus den »Anmerkungen« ersehen, die Brecht für die Inszenierung des Stückes verfaßte[1].

Die von Brecht in diesem Zusammenhang nicht erwähnten projizierten Titel enthielten die gesellschaftliche Pointe der vergangenen Geschichte. Die Lieder der Sängerknaben heben das Chronikartige hervor und geben Hinweise auf die Beurteilung Galileis und am Schluß auf den aktuellen Bezug. Alle Verfremdungsmittel dienten dazu, das Historische zu »historisieren«, indem sie halfen, die gesellschaftliche Kausalität und Beziehungshaftigkeit zu verdeutlichen.

Durch die formalen Mittel der Verfremdung konnte die geschichtliche Modellsituation ins Bewußtsein gehoben werden, aber die Gegenwart, auf die die Situation Bezug hatte, konnte nicht in dem Sinne verfremdet werden, wie es die Theorie des Verfremdungseffekts bestimmte. Wenn Brecht im »Kleinen Organon« die Funktion des Theaters dahingehend definierte, »daß lebendige Abbildungen von überlieferten oder erdachten Geschehnissen zwischen Menschen hergestellt werden, und zwar zur Unterhaltung«, so beweist das Galilei-Stück, daß

1 S. S. 45 ff. dieses Bandes.

sich die konsequent demonstrative Spielweise nur bei der Abbildung von erdachten, nicht von überlieferten Geschehnissen durchführen ließ. Im Galilei-Stück konnten die formalen Verfremdungsmittel nur zur Verfremdung im Sinne der geschichtlichen Bewußtmachung einer historischen Illustration für ein gegenwärtiges Geschehen verwendet werden. Die von Brecht gewünschte »planetarische« Demonstration konnte nicht vollzogen werden.

Durchaus folgerichtig drängte es sich Brecht in der Aufzeichnung vom Juli 1945, die eingangs zitiert wurde, auf, der »Galilei« sei ein »Gegenbeispiel zu den Parabeln«: »Dort werden Ideen verkörpert, hier eine Materie gewisser Ideen entbunden.«

Brecht beschrieb damit genau den Unterschied zwischen einer realistischen Nach- und Abbildung geschichtlich-gesellschaftlicher Vorgänge und einer veranschaulichenden Vorführung (Demonstration) solcher Geschehnisse. Es ist der Unterschied zwischen realistischen Geschichtsdramen von der Art des »Galilei« und der »Tage der Kommune« und den Parabeln von der Art der »Rundköpfe und Spitzköpfe«, des »Guten Menschen von Sezuan«, des »Kaukasischen Kreidekreises«.

Brecht hatte kein »reines Interesse« an der Geschichte, auch wenn er dies in seinen Aufzeichnungen über das Galilei-Stück erwähnte, vielmehr war seine geschichtsmaterialistische Einstellung auf die Beeinflussung der geschichtlich-gesellschaftlichen Verhältnisse gerichtet; er schrieb also seine Stücke nicht nur unter deren Einfluß, sondern auch in der Absicht der Einflußnahme. Wenn Brecht vom Galilei-Stoff »an sich« fasziniert war, was bekannt ist, so bildete er ihn doch nur ab, um damit die aktuale Galilei-Situation zu veranschaulichen. Er hatte also bestimmte »Ideen«, wenn man darunter Erkenntnisse, gezogen aus der Beobachtung und Bewertung aktualer Prozesse, sowie Vorstellungen über die weitere Entwicklung versteht. Aber es machte allen Unterschied, ob für die Veranschaulichung dieser »Ideen« dramatische Situationen geschaffen

oder durch die Geschichte geschaffene Situationen als Analogie gebraucht wurden. Wenn die geschichtliche Analogie zur Veranschaulichung der »Idee« verwendet wurde, mußte die Veranschaulichung am überzeugendsten, einleuchtendsten wirken, wenn die »Idee« organisch-naturwüchsig aus der Abbildung des geschichtlichen Vorbildes hervorging und nicht durch eine Zurechtbiegung und nachträgliche Montage des Geschichtsstoffes abgeleitet werden mußte. Wenn es erlaubt, weil zweckmäßig ist, zur Bewußtmachung aktualer Vorgänge eine »experimentelle« dramatische Situation zu schaffen, so muß das Konstruktive, Experimentelle um so stärker zurücktreten, falls zur Veranschaulichung eine geschichtliche Modellsituation dient. Brecht hat, was bei einer solchen Art der Verfremdung erlaubt ist, ausgezeichnet in einer Tagebucheintragung vom 26. Oktober 1941 über die Shakespeareschen Historien ausgedrückt: »Der Realität am nächsten erschienen mir immer solche Stücke wie die *Shakespear*ischen Historien, die Dramatisierungen von Chronikkapiteln. Da ist keine ›Idee‹, da wird kein plot geformt, da ist kaum Aktualität. Es ist nur eine Durchleuchtung von Verbürgtem mit gelegentlichen Korrekturen nach der Richtung ›anders ist es kaum denkbar‹. Kurse über Dramatik müßten beginnen mit einem Vergleich etwa des König Johann mit der Chronik, aus der er vermutlich geschöpft ist. Fortsetzung: die *Strindberg*schen Königsdramen. Selbstverständlich wäre zu studieren, wo die Glorifizierung oder Deglorifizierung praktiziert wird.«
Eben um der »naturwüchsigen« Ableitung der »Idee« willen konnte Brecht am vorgegebenen geschichtlichen Stoff nur Korrekturen in der Richtung »anders ist es kaum denkbar« vornehmen, aber ihn nicht der »demonstrierenden« Behandlung unterziehen. Die »Idee« bedurfte der organischen »Entbindung« aus der geschichtlichen Situation um »vollkommen« zu sein. Die Geschichte stellte die Modellsituation, die geschichtlichen Figuren, die analogen Verkörperungen aktualer gesellschaftlicher Kräfte dar, wenn von der Notwendigkeit ausge-

gangen wurde, ein aktuales Problem zu veranschaulichen. Die Methode, »Ideen« durch eine Parabel zu verkörpern, war am vollkommensten, wenn sie mit Hilfe der demonstrativen Spielweise erfolgte. Die »Entbindung« der Ideen aus dem Geschichtsstoff war am vollkommensten, wenn die Darstellung der geschichtlichen Vorgänge »gebunden« blieb, das heißt: nicht der demonstrativen Spielweise unterworfen wurde.

Der zweckmäßig erscheinende, wenn nicht erzwungene Verzicht auf die Anwendung der konsequent demonstrativen Verfremdung durch eine »experimentelle Situation« und den vollen Einsatz aller Verfremdungsmittel führte dazu, daß die Einfühlung der Zuschauer nicht in dem Maße behindert und verhindert werden konnte, wie es Brecht in der Theorie notwendig erschien. Die »mittelbare Wirkung« der dramatischen Darbietung ließ sich nicht erzielen, wenn die unmittelbaren Elemente der Verfremdung nicht wirksam werden konnten. Die Titel, Lieder, das Bühnenbild und die Musik, die epische Struktur des Stückes reichten nicht aus, die Einfühlung der Zuschauer in die Person des Helden zu unterbinden. Gerade die Herausarbeitung der geschichtlichen Umstände durch die Berücksichtigung der historischen Fakten und ihre Veranschaulichung mit Hilfe der formalen Verfremdungsmittel ließ Galilei mehr als Opfer denn als Schuldigen erscheinen und bestärkte damit die »angeborene« Neigung der Zuschauer, sich mit dem Helden zu identifizieren oder seine Schuld und Läuterung mitzuempfinden.

Als Brecht das Galilei-Stück schrieb, nahm er bereits eine wesentlich dialektischere Stellung zum Problem der Einfühlung und der Auslösung von Gefühlen durch Bühnenvorgänge ein als in den Anmerkungen zu den vor 1933 entstandenen Stücken. In den Anmerkungen zu »Mahagonny« hatte er erklärt, die epische Form des Theaters strebe »Ratio«, die dramatische Form »Gefühl« an, und hatte so einen Antagonismus konstruiert. In den dreißiger Jahren wollte er diese Gegenüberstellung nur als Akzentverschiebung verstanden wissen. Rückblickend auf die »mittelbare Wirkung« der epischen Darstellungsweise in Deutschland, stellte er in der »Neuen Technik der Schauspielkunst« fest: »Was das Emotionelle betrifft, so ergaben die Versuche mit dem V-Effekt in den deutschen Aufführungen des epischen Theaters, daß auch durch diese Spielweise Emotionen erregt wurden, wenn auch Emotionen anderer Art als die des üblichen Theaters. Eine kritische Haltung des Zuschauers ist eine durchaus künstlerische Haltung.«[1]

Zu einer Darstellung des epischen Theaters erklärte er wenig später – Tagebucheintragung vom 4. März 1941 –: »Es ist mir klar, daß man von der Kampfstellung ›hie Ratio und hie Emotio‹ loskommen muß. Das Verhältnis von Ratio zu Emotio in all seiner Widersprüchlichkeit muß exakt untersucht werden, und man darf den Gegnern nicht gestatten, episches Theater als einfach rationell und konteremotionell darzustellen. Die ›Zustände‹, welche, automatisierte Reaktionen auf Erfahrungen, zu Gegnern unserer Interessen geworden sind. Die verschlammten, eingleisigen, vom Verstand nicht mehr kontrollierten Emotionen. Andererseits die emanzipierte Ratio der Physiker mit ihrem mechanischen Formalismus. Jedenfalls, selbst wenn sich die Interessen der Künstler nicht in besonders emotioneller Form äußern sollten – wahrscheinlich tun sies –, sie äußern sich aber doch in emotioneller Form. Die epischen Prinzipien garantieren eine kritische Haltung des Publikums, aber diese Haltung ist eminent emotionell.«

Als ein Schauspieler, mit dem Brecht in der Emigration in Finnland beisammen war, statt »Verfremden« den Ausdruck »Objektivieren« verwandte und damit eine »Darstellung ohne Gefühle« meinte, berichtigte Brecht: »Das gibt mir Gelegenheit, einen wohl leicht möglichen Irrtum zu klären. Einerseits kommt nämlich der *Einfühlungsakt* auch unter

1 S. *Schriften zum Theater*, Band 3.

Verwertung rationeller Elemente vor, andererseits kann der V-Effekt auch rein gefühlsmäßig gesetzt werden. Stanislawski benützt für die Einfühlung lange Analysen, und bei den Panoramengemälden der Jahrmärkte (›Nero betrachtet den Brand Roms‹, ›Das Erdbeben von Lissabon‹) ist der V-Effekt reines Gefühl. In dem aristotelischen Theater ist die Einfühlung auch eine geistige, das nichtaristotelische Theater wünscht auch gefühlsmäßige Kritik.« (Tagebucheintragung vom 17. Oktober 1940)

In einer anderen Notiz aus dieser Zeit – Tagebucheintragung vom 15. November 1940 – suchte Brecht nach einer Lösung für den Aufbau einer Emotionenreihe auf einer anderen Grundlage als der Einfühlung und der Katharsisfunktion: »Da für gewöhnlich *nichtaristotelisches Theater* als besonders intellektualistisches Theater definiert wird und damit schlecht definiert wird, sollte man es vielleicht zur Abwechslung in den emotionellen Kategorien darstellen. Das ist ohne weiteres möglich, da ja auf dem epischen Theater bei Spieler wie Zuschauer die emotionelle Linie und die intellektuelle Linie identisch bleiben. Es gälte, auf den Grundlagen von Neugierde und Hilfsbereitschaft eine Emotionenreihe aufzubauen, welche der auf den Grundlagen von Furcht und Mitleid die Waage hält. Es gibt natürlich noch andere Grundlagen für Emotionen. Da ist vor allem die menschliche Produktivität, die vollkommenste von allen (Selbstanpassung, Einfügung, Geduld müssen auf dieser Grundlage der menschlichen Produktivität aufgebaut werden).«

Brecht bemühte sich also um die Klarstellung, daß auch das epische Theater Emotionen ermöglicht habe, daß es sie anstrebe und hervorrufe, und zwar in einem kritischen Sinn. Er wehrte sich dagegen, nichtaristotelisches Theater sei intellektualistisches Theater. Er gestand zu, daß auch der Einfühlungsakt unter Verwertung von rationellen Elementen zustande kommt, wie andererseits der V-Effekt rein gefühlsmäßig gesetzt werden kann. Im epischen Theater fallen, so behauptete

Brecht, die intellektuelle und die emotionale Ebene zusammen. Das Ziel war gleichsam das kontrollierte Gefühl und die Kritik gefühlsmäßiger Art. Für die Veränderung der Welt mußten sowohl der Verstand als auch das Gefühl vom Theater angesprochen werden. Der Zuschauer sollte nicht mehr die »traumbefangene, passive, in das Schicksal ergebene Haltung« einnehmen, er »sollte nicht mehr aus seiner Welt in die Welt der Kunst entführt, nicht mehr gekidnappt werden; im Gegenteil sollte er in seine reale Welt eingeführt werden, mit wachen Sinnen«, also auch auf emotionale Weise, wie Brecht in einem Vortrag – »Über experimentelles Theater« – vor den Stockholmer Studenten im Mai 1939, eben zur Zeit der Fertigstellung des Galilei-Stückes, darlegte.[1]

Der Verfremdungseffekt hat somit nicht nur die Einfühlung zu verhindern, sondern auch die richtigen Gefühle auszulösen. Er hat nicht nur den verstandesmäßigen, sondern auch den gefühlsmäßigen Anteil beim Zustandekommen eines kritischen Bewußtseins auf künstlerische Weise herbeizuführen. Bei der Ausarbeitung des »Messingkaufs«, des Vorläufers des »Kleinen Organon«, stellte Brecht folgende Überlegung an – Tagebucheintragung vom 2. August 1940 –: »Die Frage ist nun, ob es überhaupt unmöglich ist, die Abbildung der wirklichen Vorgänge zur Aufgabe der Kunst zu machen und damit die kritische Haltung des Zuschauers zu den wirklichen Vorgängen zu einer kunstgemäßen Haltung. Bei dem Studium dieser Frage ergibt sich, daß zur Herbeiführung dieser großen Wendung die Art des Verkehrs zwischen Bühne und Zuschauerraum geändert werden müßte. Die Einfühlung verlöre ihre beherrschende Stellung in der neuen Kunstausübung. Dagegen wird nunmehr der Verfremdungseffekt (V-Effekt) hervorgebracht, der ebenfalls ein Kunsteffekt ist und zu einem Theatererlebnis führt. Er besteht darin, daß die Vorgänge des wirklichen Lebens auf dem Theater abgebildet werden, daß

1 S. *Schriften zum Theater*, Band 3.

gerade ihre Kausalität selbst in Erscheinung tritt und den Zuschauer beschäftigt. Emotionen kommen auch durch diese Kunst zustande, und zwar ist es die Meisterung der Wirklichkeit, welche, durch diese Vorführungen ermöglicht, den Zuschauer in Emotionen versetzt. Der V-Effekt ist ein altes Kunstmittel, bekannt aus der Komödie, gewissen Zeugen der Volkskunst und der Praxis des asiatischen Theaters.«

Brecht berichtigte seine frühere Gegenüberstellung von Erlebnis und Weltbild: auch die Vermittlung eines Weltbildes kann ein Erlebnis sein. Er ließ die Emotionen jedoch auf der Erkenntnis, der Einsicht in die gesellschaftliche Kausalität basieren und folgerte, die stärksten Gefühle würden ausgelöst durch das Bewußtsein, die Wirklichkeit zu meistern. Entscheidend ist, daß die Emotionen einer prinzipiell kritischen Haltung dienlich sind, da die Einfühlung einer solchen Haltung im Wege steht.

Wie aber kann eine solche Einstellung kritischer Art erzielt werden, wenn die formalen Verfremdungsmittel nicht ausreichen, die Einfühlung zu verhindern, wie es im Galilei-Stück der Fall ist? Die Antwort gab Brecht auf doppelte Weise. In der erwähnten Aufzeichnung über die Fertigstellung des »Galilei« vom November 1938 spricht er von einem »Kunstgriff«, den er am Schluß des Stückes – gemeint ist die vorletzte Szene, in der Galilei seinem früheren Schüler Andrea die »Discorsi« aushändigt – gebraucht habe, »um auf jeden Fall dem Zuschauer den nötigen Abstand zu sichern«.

Worin besteht dieser »Kunstgriff«? Er besteht in der Selbstbezichtigung Galileis, daß er die Wissenschaften verraten, weil er sich nicht um die gesellschaftlichen Folgen der Wissenschaft gekümmert habe. Das »folgerichtige« Verhalten Galileis erscheint mit einem Schlag als »folgenfalsch«. Der Held muß sich selber als Verräter bezeichnen, da sein Verstand intakt genug blieb, sein eigenes Verhalten wissenschaftlich zu bewerten. Die »Geradlinigkeit« wird unterbrochen, sie weist einen »Sprung« auf. Wer sich mit dem Helden identifiziert hat, wird zumindest des Dualismus teilhaft, der jetzt sichtbar gemacht ist. Was Hinnahme war, was Hingabe war, kann es nicht mehr bedingungslos sein, nachdem die Bedingungen deutlich geworden sind. »Selbst der unbedenklich sich Einfühlende muß zumindest jetzt, auf dem Weg der Einfühlung selber in den Galilei, den V-Effekt verspüren.« Die Verfremdung also wird durch die Tendenzierung des abgebildeten historischen Vorgangs erreicht, von der wir wissen, daß durch sie der Bezug zur aktualen Problematik hergestellt wurde. Diese Verfremdung nun wurde in den späten Fassungen des Stückes dadurch verstärkt, daß die Selbstbezichtigung und Selbstverurteilung Galileis nicht mehr, wie in der ersten Fassung, *vor*, sondern *nach* Übergabe der »Discorsi« an Andrea erfolgt, da dieser Akt nichts an dem prinzipiellen Versagen des Gelehrten ändern kann. Wie wir eben sahen, erfolgte die »Historisierung« der aktualen Bedeutsamkeit nicht auf demonstrative Weise wie in den »Fatzer«- und »Brotladen«-Fragmenten, sondern auf illustrative Weise durch die geschichtliche Modellsituation. Diese Situation ließ sich durch die artistischen Verfremdungsmittel »historisch« machen, will sagen: ins Bewußtsein heben. Sie konnte als Analogie zur Gegenwart gekennzeichnet werden. Aber die Verfremdungsmittel konnten nicht die Einfühlung der Zuschauer vor allem in den Helden des Stückes verhindern, da sie die »Geradlinigkeit«, das »lineare Geschehen«, die »evolutionäre Zwangsläufigkeit« der Chronik nicht in dem Maße manipulieren konnten wie in einem erdachten Stoff. Um dem Galilei-Problem den positivistischen Affektwert zu nehmen, blieb nur übrig, die Durchbrechung von innen her, eben durch Galilei selber, vornehmen zu lassen. Durch die tendenziöse Selbstbeschuldigung und Selbstverurteilung wurde die Selbstverständlichkeit zur Verständlichkeit gemacht, die Logik des Verhaltens ihrer Folgerichtigkeit beraubt. Der Anachronismus stellte die Korrektur der Chronik in der Richtung »es ist anders denkbar« dar. Wer sich der Konsequenz der Haltung Galileis durch die

Einfühlung hingegeben hat, dem drängt sich durch die Tendenzierung eine kritische Beurteilung auf. Er kann sein Mitgefühl mit dem Gelehrten bewahren, aber er kann sich ihm nicht bedingungslos hingeben.
Brecht sprach von einer »Einfühlung erlaubter Art«, die auf diese Weise »bei streng epischer Darstellung« zustande komme. Unter welchen Bedingungen sie erlaubt ist, verdeutlicht eine weitere Tagebucheintragung Brechts vom 12. Januar 1941, die anzuführen auch deshalb angebracht ist, weil sie wie die Mitteilung vom November 1938 über die Fertigstellung des Galilei-Stückes die »Heilige Johanna der Schlachthöfe« zur Exemplifizierung anführt: »Bei keiner Betrachtung dürfte vergessen werden, daß *nichtaristotelisches Theater* zunächst nur *eine* Form des Theaters darstellt; es dient bestimmten gesellschaftlichen Zwecken und hat keine usurpatorische Bedeutung, was das Theater im allgemeinen angeht. Ich selber kann aristotelisches Theater bei gewissen Aufführungen neben nichtaristotelischem verwenden. Bei einer heutigen Aufführung etwa der »Heiligen Johanna der Schlachthöfe« kann es vorteilhaft sein, mitunter eine Einfühlung in die Johanna herbeizuführen (vom heutigen Standpunkt aus), da diese Figur ja einen Erkenntnisprozeß durchmacht, so daß der einfühlende Zuschauer von diesem Punkt aus sehr wohl die Hauptpartien überblicken kann. Jedoch wird es heute schon immer Zuschauer geben, welche es vorziehen, diese Figur von außen zu betrachten. Ihnen ist mit nichtaristotelischem Theater besser gedient.«
Eine »Einfühlung erlaubter Art« ist also dann möglich, wenn die Gestalt, in die der Zuschauer – da er in ihr den »positiven Helden« erblickt – sich einzufühlen geneigt ist, einen Erkenntnisprozeß durchmacht, der, vom Zuschauer nachvollzogen, diesem Zuschauer eine kritische Bewertung der abgebildeten gesellschaftlichen Vorgänge abnötigt und die »Nutzanwendung« für die angestrebte Veränderung der Wirklichkeit gestattet. Der Zuschauer, der sich in die »Heilige Johanna der

Schlachthöfe« einfühlt, wird dadurch zur Erkenntnis geführt, daß der religiöse Reformismus, der Reformismus insgesamt, nur der gesellschaftlichen Reaktion von Nutzen ist. Der Zuschauer, der sich in den Galilei einfühlt, muß erkennen, daß die Entscheidung Galileis, auf Papst und Großherzog zu vertrauen, statt die Hilfe des Bürgers Vanni (Matti) anzunehmen, falsch war und daß die Abschwörung einem sozialen Verrat gleichkommt, der durch nichts aufgewogen werden kann (so die Konsequenz der amerikanischen und späten deutschen Fassung des Stücks).

Die Feststellung, es sei erlaubt, sich in eine Person einzufühlen, die einen Erkenntnisprozeß durchmacht, berichtigte die undialektische Auffassung, die Brecht am schroffsten in dem Vortrag »Über experimentelles Theater« vertreten hat: »Einfühlung in änderbare Menschen, vermeidbare Handlungen, überflüssigen Schmerz usw. ist nicht möglich.«

Brecht hat die frühere Antithetik von Ratio und Gefühl so aufgelöst, daß er es für möglich erklärte, den gesellschaftlichen Zweck der dramatischen Abbildung, nämlich beizutragen zu einem realen Bewußtsein von der Welt, nicht nur auf rationalem, sondern auch emotionalem Weg zu erreichen. Gerade das Mitfühlen, wenn nicht sogar Einfühlen in Menschen, die den komplizierten Weg der Erkenntnis durchmachen (selbst wenn sie die Erkenntnis nicht mehr in die Tat umzusetzen in der Lage sind), kann dieser Herausbildung eines solchen Bewußtseins nützen. Voraussetzung dazu ist, der Dramatiker vermag Sicherungen gegen eine »folgenlose« Einfühlung einzubauen, damit das kritische Element des Bewußtseins angesprochen wird. Der sich Einfühlende muß über seine Gefühle zu einer kritischen Haltung veranlaßt werden. Diese Gefühle müssen anderer Art sein als Furcht und Mitleid, nämlich Gefühle, die für die Veränderbarkeit der Welt, für die Vermenschlichung der Welt eine positive, weil aktivierende Rolle spielen. Grundlegend für diese Gefühle könnte eine neugierige und hilfsbereite Haltung sein, die durch Einfühlung herbeigeführt werden kann, schrieb Brecht in seiner Überlegung vom November 1940; in seinem Vortrag »Über experimentelles Theater« definierte er die möglichen grundlegenden Haltungen mit »Wissensbegierde« an Stelle der Furcht und mit »Hilfsbereitschaft« an Stelle von Mitleid.

Brecht hielt es aber in seinen »Anmerkungen« für notwendig, dieser Einfühlung auch noch durch die besondere Darstellung der Figur des Galilei vorbauen zu lassen:

»7. Die Darstellung des Galilei sollte nicht darauf ausgehen, ein sympathisierendes Sicheinfühlen und Mitgehen des Publikums zu stabilisieren; vielmehr sollte dem Publikum eine mehr staunende, kritische und abwägende Haltung ermöglicht werden. Er sollte dargestellt werden als ein Phänomen wie etwa Richard III., wobei die emotionelle Zustimmung des Publikums durch die Vitalität dieser fremden Erscheinung erreicht wird.«

Das bedeutete die Aufforderung, das positive Interesse an Galilei, beruhend auf seiner Haltung und Bedeutung im gesellschaftlichen Kampf, zu neutralisieren und auf den »Typ«, den vitalen Kerl, zu konzentrieren, um die kritische Einstellung zu seinem Tun und Lassen zu ermöglichen. Der »Kunstgriff« der Selbstverurteilung Galileis erscheint dem Dramatiker als noch nicht ausreichend genug, der bedingungslosen Einfühlung entgegenzuwirken. Das Sicheinfühlen muß primär von der kraftvollen Erscheinung Galileis ausgelöst und absorbiert werden, damit eine kritische Beobachtung und Bewertung des Entscheidenden, nämlich seiner Handlungsweise, möglich ist. Die Einfühlung wird auf das Sekundäre gelenkt, damit sich das kritische Bewußtsein auf das Primäre konzentriert. Einfühlung und Gefühle haben im Dienst des Bewußtseins zu stehen, die Einfühlung hat ein Hilfsmittel zu bleiben, auf das besser verzichtet würde.

Faßt man zusammen, ergibt sich folgendes:

Brecht vermerkte kritisch, das Galilei-Stück weise statt der wünschenswerten »planetarischen Demonstrationen« »Interieurs«, »Atmosphäre«, »Theatralisches« auf und ermögliche damit die Einfühlung im aristotelischen Sinne. Er drückte seine Überzeugung aus, dieser »Schönheitsfehler« im Sinne des epischen Theaters lasse sich durch das Praktikum mit einer Bühne beheben. Da dies vor dem Krieg nicht möglich war, verwendete er zur Verhinderung der totalen Einfühlung in den Helden des Stückes dessen Selbstanklage und Selbstverurteilung, also einen dramatischen, keinen artistischen »Kunstgriff«. Er deklarierte nunmehr die mögliche Einfühlung als »erlaubt«, da sie zu einem Erkenntnisprozeß führe.

Aber als er, zumindest bei der Erarbeitung der späten deutschen Fassung des Stückes, Gelegenheit gehabt hätte, im Praktikum mit seiner Bühne das Stück im Sinne der wünschenswerten »planetarischen Demonstrationen« zu bearbeiten, beließ er es bei der alten Form. Die konsequent »demonstrative« Dramatik und Spielweise, wie sie Brecht als vorbildlich in dem »Fatzer«- und »Brotladen«-Fragment entwickelt sah, läßt sich nur bei der Verfremdung aktualer Vorgänge mit Hilfe erdachter Geschichten, nicht mit Hilfe der überlieferten Geschichte anwenden. Das Ensemble der Verfremdungseffekte(mittel), die zur Herbeiführung des Verfremdungseffekts, der »Historisierung« des aktualen Gesellschaftszustandes oder bestimmter Vorgänge, benützt werden, kann nur bei erdachten Fabeln zur vollen Wirkung gelangen.

Anhang

1542 Neubegründung der Inquisition als Sanctum Officium.
1543 Kopernikus gestorben. Kurz vor seinem Tode Veröffentlichung des Werkes »De revolutionibus orbium coelestium«, in dem das kopernikanische Weltsystem begründet wurde.
1548 Giordano Bruno geboren.
1553 Michael Servet, Entdecker des Lungenkreislaufs, wegen Bekämpfung der Dreieinigkeitslehre als Gotteslästerer verbrannt.
1559 Einrichtung der Bücherverbote durch Papst Paul IV. Der erste Index librorum prohibitorum erschien 1559, der zweite 1564 unter Pius IV.
1564 Bekenntnisverpflichtung für Geistliche und Konvertiten, erlassen von Papst Pius IV., in Zusammenhang mit einem Beschluß des Tridentiner Konzils.
1564 Michelangelo gestorben. Galilei in Pisa geboren.
1572 Ermordung von etwa 2000 Hugenotten in der Bartholomäusnacht.
1572 Abfall der Niederlande von Spanien.
1584 Giordano Bruno: Londoner Schriften.
1589 Galilei Professor an der Universität Pisa. Erforschung der Gesetze des freien Falls, die er in den »Sermones de motu gravium« bekannt machte (1854 gedruckt).
1592 Galilei Professor an der Universität Padua. Erfindung des Proportionalzirkels. Vorrichtung zur genaueren Bestimmung der Wärme (Thermoskop).
1598 Edikt von Nantes. Religionsfriede in Frankreich.
1600 Giordano Bruno nach siebenjähriger Gefangenschaft in Rom verbrannt.
1605 Galilei erregt Aufsehen, als er die Bewegungsbahn eines Sternes als Beweis gegen die aristotelische Lehre von der Unveränderlichkeit des Himmels benutzt.
1609 Beobachtungen mit nachgebautem Fernrohr. Entdeckung der Unebenheiten der Mondoberfläche.
1610 Galilei entdeckt Jupitertrabanten. Berufung durch Cosimo II. von Medici nach Florenz als »Erster Großherzoglicher Mathematiker und Philosoph«. Phasen der Venus entdeckt.

1611 Galilei stellt fest, daß Planeten keine selbstleuchtenden Himmelskörper sind und daß sich Venus und Merkur um die Sonne drehen. Lehre von der Achsendrehung der Sonne.

1613 Verteidigung der kopernikanischen Lehre in der Schrift über Sonnenflecke. Galilei in Brief an seinen Schüler Castelli: die Theologie habe zuzusehen, daß sie die Bibel in Übereinstimmung mit den festgestellten Tatsachen der Naturwissenschaften bringe.

1615 Lucilio Vanini schreibt »Von den Wundern der Natur, unserer Herrin und Göttin«.

1615 Denunziation Galileis durch den Dominikaner Pater Lorini bei der römischen Inquisition.

1616 Galilei freiwillig nach Rom zum Inquisitionsprozeß gegen die kopernikanische Lehre. Elf Theologen, die »Qualifikatoren des Heiligen Offiziums«, erklären zwei der Grundsätze Galileis für philosophisch absurd und ketzerisch [1. »Die Sonne ist der Mittelpunkt der Welt und darum unbeweglich«, 2. »Die Erde ist nicht der Mittelpunkt der Welt und nicht unbeweglich, sondern sie bewegt sich täglich, auch um sich selbst«].

1617 Galilei fügt sich der Ermahnung Kardinal Bellarmins, die kopernikanische Lehre aufzugeben.

1618 Beginn des 30jährigen Krieges.

1619 Kepler: »Harmonia mundi«. Descartes: Analytische Geometrie. Verbrennung von Lucilio Vanini als Ketzer.

1620 Francis Bacon: »Novum Organon«.

1623 Streitschrift Galileis gegen den Jesuiten Grassi. Nachdem Urban VIII., ein früherer Bewunderer Galileis, den Päpstlichen Stuhl bestiegen hat, schreibt Galilei an seinem Hauptwerk.

1630 Vollendung des Hauptwerks »Dialogo di Galileo Galilei«, in Gesprächsform abgefaßte Verteidigung des kopernikanischen Weltsystems.

1632 Publikation der »Dialoge«. Anklage wegen Ungehorsams gegen einen Befehl des Heiligen Offiziums. Verbot des Verkaufs der »Dialoge«. Vorladung Galileis nach Rom. Vier Verhöre, 23tägige Haft im Inquisitionspalast.

1633 Galilei schwört feierlich ab. Urban VIII. verwandelt das

Urteil über Galilei von Kerkerhaft auf unbestimmte Zeit um in einstweiliges Verbleiben in Rom. Ende des Jahres durfte Galilei in seine Villa nach Arcetri bei Florenz zurück.

1637 Galilei erblindet.

1638 Die »Dialoghi della nuove scienze« und die »Discorsi e dimostrazioni matematiche« erscheinen in Leiden.

1641 Galilei unternimmt Versuche, den Uhren als Regulator ein Pendel beizugeben.

1642 Galilei gestorben.

1643 Newton geboren.

Aufsätze über ›Leben des Galilei‹

Fischer, G. u. a.
Brechts ›Leben des Galilei‹ Versuche zur Behandlung in Klasse 12
in: Deutschunterricht, Berlin, 13. Jg. 1960, S. 149–158
Hafen, Hans
Bertolt Brechts ›Leben des Galilei‹
in: Der Deutschunterricht, Stuttgart, 13. Jg. 1961, H. 4, S. 71–92
Klein, Johannes
Ein Thema – zwei Variationen. Galilei bei Bertolt Brecht und Gertrud von Le Fort
in: Welt und Wort, Tübingen, 12. Jg. 1957, S. 231–234
Kraemer, H.-A.
Brechts ›Leben des Galilei‹, Versuch einer Interpretation für die Schule
in: Deutschunterricht, Berlin, 12. Jg. 1959, S. 262–293
Mayer, Hans
Dürrenmatt und Brecht oder Die Zurücknahme
in: Der unbequeme Dürrenmatt, Basel 1962, S. 97–116
Mittenzwei, Werner
Das Schauspiel ›Leben des Galilei‹
in: Bertolt Brecht / Von der ›Maßnahme‹ zu ›Leben des Galilei‹, Berlin 1962, S. 255–346
Reich, Bernhard
Die Siege Galileis
in: Theater der Zeit, Berlin, H. 5, 1967, S. 21–23
Rohrmoser, Günter
Bertolt Brecht: Das ›Leben des Galilei‹
in: Das deutsche Drama, Vom Barock bis zur Gegenwart, hrsg. von Benno von Wiese, 2. Band, Düsseldorf 1958, S. 401–414
Rülicke-Weiler, Käthe
›Leben des Galilei‹
in: Die Dramaturgie Brechts, Theater als Mittel der Veränderung, Henschelverlag Berlin 1966, S. 125 ff.
Schumacher, Ernst
Geschichte und Wandlungen des Galilei-Bildes
in: Panorama, Speyer, 2. Jg. 1959, Nr. 4, S. 4

Schumacher, Ernst
Bertolt Brechts ›Leben des Galilei‹ und andere Stücke, Drama und Geschichte, Henschelverlag Berlin 1965
Schumacher, Ernst
Schöne Literatur im Zeitalter der Wissenschaft
in: Neue Deutsche Literatur, Berlin, 8. Jg. 1960, H. 2, S. 115–129
Schumacher, Ernst
Bertolt Brechts ›Leben des Galilei‹, Geschichte und Drama
in: Bertolt Brecht, damals und heute, München 1962, S. 90–121
Seiffert, Lothar
Brechts ›Leben des Galilei‹ in den Physikunterricht!
in: Mathematik, Physik, Astronomie in der Schule, Berlin, 5. Jg. 1958, S. 289–294
Singermann, B.
Das Brecht-Theater
in: Sowjetwissenschaft. Kunst und Literatur, Berlin, 9. Jg. 1961, H. 5, S. 523–536, und H. 6, S. 626–641
Szczesny, Gerhard
Brecht, ›Leben des Galilei‹ und der Fall Bertolt Brecht
Verlag Ullstein GmbH, Frankfurt/M., Berlin 1966
Werner, Fritz P.
Das Drama im Unterricht, Berlin 1963, S. 86–88 u. 90–95
Zimmermann, Werner
Brechts ›Leben des Galilei‹, Interpretation und didaktische Analyse, Beiheft zu: Wirkendes Wort, Nr. 12, Düsseldorf 1965

Verzeichnis der Aufführungen von ›Leben des Galilei‹

Besetzung der Uraufführung am Zürcher Schauspielhaus (Premiere: 9. September 1943)

Leben des Galilei
von Bertolt Brecht
Musik von Hans Eisler
Regie: Leonard Steckel
Bühnenbild: Teo Otto

Galileo Galilei	Leonard Steckel
Virginia, seine Tochter	Erika Pesch
Frau Sarti, seine Haushälterin	Mathilde Danegger
Andrea, ihr Sohn	Robert Bichler
Kurator der Universität Padua	Wolfgang Heinz
Doppone	Erwin Parker
Sagredo, Freund Galileis	Lukas Ammann
Doge	Karl Delmont
Cosmo di Medici, Großherzog v. Florenz	Wolf Süsstrunk
Hofmarschall	Eugen Jensen
Ein Theologe	Hermann Wlach
Ein Philosoph	Fritz Delius
Ein Mathematiker	Friedrich Braun
Lakai	Reinhold Jaeger
1. Nonne	Marcelle Turian
2. Nonne	Maria Vanoni
Bäcker	John E. Schmid
Frau	Angelika Arndts
Soldat	Charles F. Vaucher
Alte Frau	Traute Carlsen
Vermummter Mann	Enzo Erzini
Prälat	Hans Fehrmann
Ein Gelehrter	Erwin Parker
Ein Mönch	Robert Freitag
Ein Astronom	Emil Stöhr
Dünner Mönch	Friedrich Braun

Kardinal	Ernst Ginsberg
Clavius	Charles F. Vaucher
Junger Mönch	Karl Paryla
Torhüter	Karl Delmont
Inquisitor	Kurt Horwitz
Ludovico, Verlobter der Virginia	Marcelle Barth
Mucius	Hans Grimm
Junger Gelehrter	Hermann Frick
Rektor Gaffone	Hans Fehrmann
Papst Urban VIII	Hermann Wlach
Alter Diener	Friedrich Braun
Ein Beamter	Fritz Delius
Hafner	Wolfgang Langhoff
Arzt Busciate	Eugen Jensen

Besetzung der amerikanischen Erstaufführung am Coronet Theatre in Los Angeles (Premiere: 30. Juli 1947)

Galileo
von Bertolt Brecht
Musik von Hanns Eisler
Regie: Joseph Losey
Bühnenbilder und Kostüme: Robert Davison
Choreographie: Lotte Goslar

Sänger	Burton Karson
	Albert Reid
	James Adkins
Der Junge, der den Vorhang zieht	Donald Pietro
Galileo	Charles Laughton
Andrea (der Junge)	Ray Malkin
Frau Sarti	Eda Reiss Merin
Ludovico Marsili	Herbert Anderson
Priuli	Ken Jones
Sagredo	Kenneth Patterson
Virginia	Frances Heflin
Senatoren	Nick Volpe
	Victor Wood
	Larry Clawson
	Sam Sebby
Ein Philosoph	Morgan Farley
Der Herzog von Florenz	Billy Potts
Eine ältere Hofdame	Elizabeth Ross
Federzoni	David Clarke
Ein Mathematiker	Allyn Daley
Der Hofmarschall	Victor Wood
Ein Schüler	Sandy Siegel
Zwei Mönche	Sam Sebby
	James Goddard
Ein fanatischer Mönch	Gordon Giffen
Ein sehr alter Kardinal	Peter Brocco
Ein Mönch, der den Kardinal stützt	David Anderson

Christopher Clavius	Nick Volpe
Ein kleiner Mönch	Mickey Knox
Zwei Sekretäre	Martin Lowell
	Henry Coleman
Kardinal Bellarmin	Stephen Brown
Kardinal Barberini	Hugo Haas
Der Kardinal Inquisitor	William Cottrell
Andrea (der Mann)	William Phipps
Guiseppe	Sam Sebby
Matti	Kenneth Patterson
Der Balladensänger	Stephen Brown
Die Frau des Balladensängers	Mascha Beyo
Schusterjunge	Ray Malkin
Eine Prostituierte	Marjorie Nelson
Eine Bauernfrau	Elizabeth Ross
Ein reicher Mann	Larry Clawson
Eine reiche Frau	Patricia Sinnott
Zwei Schildträger	James Goddard
	Sam Sebby
Ein Zwerg	Dena Penn
Ein Krüppel	Sandy Siegel
König von Ungarn	Morgan Farley
Ein Mönch	Allyn Daley
Ein blinder Mann	Henry Coleman
Kinder	Donald Pietro
	Billy Potts
	Wendy Oser
Bildnis des Galileo	Victor Wood
Sakristane	Henry Coleman
	Larry Clawson
	David Anderson
	Nick Volpe
Ein Ausrufer	William Cottrell
Ein Bauer	Nick Volpe

Besetzung der Aufführung des Berliner Ensembles (Premiere: 15. Januar 1957)

Leben des Galilei
von Bertolt Brecht
Musik: Hanns Eisler
Regie: Erich Engel
Bühnenbild nach Entwürfen von Caspar Neher
Ausführung: Gustav Hoffmann
Arrangement der Fastnachtszene (9. Bild):
Jean Soubeyran und Benno Besson

Galilei	Ernst Busch
Andrea	Jochen Scheidler
Frau Sarti	Angelika Hurwicz
Ludovico	Wolfgang Lohse
Kurator	Peter Kiwitt
Der Doge	Kurt Hendrich
General	Nico Turoff
Sagredo	Martin Flörchinger
Virginia	Regine Lutz
Federzoni	Gert Schaefer
Cosmo di Medici, Großherzog von Florenz	Hans-Jürgen Tunk
Hofmarschall	Willi Schwabe
Philosoph	Ralf Bregazzi
Mathematiker	Wolfram Handel
Dünner Mönch	Peter Kalisch
Alter Kardinal	Wolf von Beneckendorff
Dicker Prälat	Friedrich Gnass
Christopher Clavius	Georg-August Koch
Kleiner Mönch	Lothar Bellag
Kardinal Barberini, später Papst Urban VIII	Ernst-Otto Fuhrmann
Kardinal Bellarmin	Gerd Biewer
Kardinal Inquisitor	Norbert Christian
Andrea	Fred Düren
Mucius	Hans Weniger

Rektor Gaffone	Aribert Grimmer
Balladensänger	Ekkehard Schall
Seine Frau	Betty Loewen
Cosmo di Medici, Großherzog von Florenz	Peter Voigt
Vanni, Eisengießer	Erik S. Klein
Individuum	Axel Triebel

Aufführungsliste

9. September 1943	Schauspielhaus Zürich R.: Leonard Steckel, B.: Teo Otto G.: Leonard Steckel
30. Juli 1947	Coronet Theatre Los Angeles R.: Joseph Losey, B.: Rober Davison G.: Charles Laugthon
7. Dezember 1947	Maxine Elliott's Theatre New York R.: Joseph Losey, B.: Robert Davison G.: Charles Laugthon
16. April 1955	Bühnen der Stadt Köln R.: Friedrich Siems, B.: Max Fritzsche G.: Kaspar Brüninghaus
20. Mai 1956	Städtische Bühnen Nürnberg R.: Friedrich Siems, B.: Frank Schulte G.: Helmuth Hinzelmann
7. Juni 1956	Scala Wien R.: Wolfgang Heinz, B.: Erika Thomasberger G.: Karl Paryla
15. Januar 1957	Berliner Ensemble Berlin R.:Erich Engel, B.: Caspar Neher G.: Ernst Busch
3. Februar 1957	Staatsschauspiel Dresden R.: Hannes Fischer, B.: Gerhard Schade G.: Kurt Steingraf
31. Mai 1957	Státni Divadlo Brno R.: Miroslav Seemann, B.: Miloš Tomek G.: Arnošt Navrátil
22. Juni 1957	Württembergisches Staatstheater Stuttgart R.: Günther Rennert, B.: Caspar Neher G.: Hans Mahnke
7. Oktober 1957	Teatr Polski Warszawa R.: Wojciech Maciejewski G.: Zdzislaw Mrożewski
11. Januar 1958	Narodne Divadlo Bratislava R.: Tibor Rakovský, B.: L. Vychodil G.: Viliam Záborský

17. April 1958	Städtische Bühnen Bielefeld R.: Friedrich Steig, B.: Franz Hosenfeldt G.: Harry Kalenberg
7. Oktober 1958	Das Theater Meiningen R.: Fritz Bennewitz, B.: Willi Röhling G.: Kurt Schmengler
20. Dezember 1958	Realistické Divadlo Prag R.: K. Palouš, G.: V. Taub
5. März 1959	Städtische Bühnen Dortmund R.: Rolf Schneider, B.: Adolf Mahnke G.: Fritz Brünske
11. März 1959	Kammerspiele München R.: Hans Schweikart, B.: Caspar Neher G.: Friedrich Domin
27. Mai 1959	Akademija za igralsko umetnost Ljubljana R.: Branko Gombac, B.: Vladimir Rijavec G.: Marijan Hlastec
16. Juni 1959	Nationaltheater Mannheim R.: Heinz-Joachim Klein, B.: Paul Walter G.: Lothar Firmans
Juni 1959	Studio Rapsodyczne Gdańsk R.: Malwina Szczepkowska, B.: Ewa Nahlik G.: Józes Korzeniowski
9. September 1959	BBC London (III. Programm) R.: Hermann B. Fortuin G.: Edward Chapman
26. September 1959	Badisches Staatstheater Karlsruhe R.: Wolfgang von Stas, B.: Axel Torsten Hecht G.: Christian Lennbach
24. Januar 1960	Landestheater Halle R.: Gotthard Müller, B.: Rolf Döge / Günther Möller, G.: Walter Kröter
24. März 1960	Radioaufführung (Studio Zürich und Bayerischer Rundfunk München) R. u. G.: Leonard Steckel
9. April 1960	Teatr im. Slowackiego Krakow R.: Bronisław Dąbrowski, B.: Jan Kosiński G.: Eugeniusz Fulde

16. Juni 1960	Mermaid Theatre London R.: Bernard Miles, B.: Michael Stringer G.: Bernard Miles
Juli 1960	Radio Leningrad G.: Jurij Tolubejew
9. Oktober 1960	Odense Teater R.: John Ditlev-Simonsen, B.: Henrik Poulsen G.: Claes Gill
3. Mai 1961	Teatr Polskiego Radia (2. Programm) R.: Wojciech Maciejewski G.: Zdzislaw Mrożewski
27. Mai 1961	Städtische Bühnen Erfurt R.: Walter Beck, B.: Siegfried Bach G.: Herbert Sievers
28. Mai 1961	Bühnen der Stadt Essen R.: Friedrich Siems, B.: Fritz Riedl G.: Helmuth Hinzelmann
20. Oktober 1961	Neo Teatro Athen G.: W. Diamantopoulos
24. Oktober 1961	Städtische Bühnen Frankfurt/Main R.: Harry Buckwitz, B.: Teo Otto G.: Hans Dieter Zeidler
1961	Teater »Vanemuine« Tartu R.: Kaarel Ird, B.: Georg Sander G.: Helend Peep
11. Januar 1962	Norddeutscher Rundfunk Hamburg (Fernsehen) R.: Egon Monk, B.: Herbert Kirchhoff / Albrecht Becker, G.: Ernst Schröder
Januar 1962	Nationaltheater Budapest R.: Tamás Major, B.: Matyas Varga G.: Ferenc Bessenyei
10. März 1962	Städtische Theater Karl-Marx-Stadt R.: Hans Dieter Mäde, B.: Peter Friede G.: Wolfgang Sasse
28. April 1962	Horácké Divadlo Jihlava R.: Karel Neubauer, B.: Jiři Mikšik G.: Jaromir Crha

13. Mai 1962	Landestheater Hannover R.: Günther Fleckenstein B.: Friedhelm Strenger, G.: Kurt Ehrhardt
7. Juni 1962	Deutsches Theater Göttingen R.: Dieter Munck, B.: Hans-Günther Spornitz G.: Eberhard Müller-Elmau
30. Juni 1962	Städtisches Theater Leipzig R.: Heinrich Voigt, B.: Paul Pilowski G.: Erich Gerberding
14. Juli 1962	Cameri Theatre Tel Aviv R.: Sam Besekov, B.: Arnon Adar G.: Zalman Lebiush
3. Oktober 1962	Nederlandse Komedie Amsterdam R.: Ton Lutz, B.: Nicolaas Wijnberg G.: Han Bentz van den Berg
Dezember 1962	The Actor's Workshop San Francisco R.: Herbert Blau G.: Robert Symond
24. Januar 1963	Théâtre National Populaire Paris R.: Georg Wilson, B.: Jean-Baptiste Manessier, G.: Georges Wilson
22. Februar 1963	Landestheater Württemberg-Hohenzollern Tübingen R.: Hannes Loges, B.: Ernst Ammann G.: Günter Gube
22. April 1963	Piccolo Teatro Milano R.: Giorgio Strehler, B.: Luciano Damiani G.: Tino Buazelli
Juli 1963	Mermaid Theatre London R.: Bernard Miles/Josephine Wilson, B.: David Myerscough Jones, G.: Joss Ackland
11. November 1963	Civic Theatre Leeds G.: Peter Cariss
13. November 1963	The Hill Theatre Gambier Ohio R.: James Michael, B.: Ruth Scudder / Ruth Trescott, G.: Andrew Worsnopp
November 1963	A. D. C. Theatre of the University Cambridge R.: Carey Harrison, G.: Robert Ellis

29. April 1964	BBC–1 Fernsehen London G.: Leo McKern
29. April 1964	Neues Theater Kreuznach R.: Ritz Rothardt, B.: Hajo Grollmann G.:Albert Hehn
25. Mai 1964	Khandallah Arts Theatre Wellington, Neu Seeland R.: Pauline McLean, B.: Geoffrey Nees G.: John Mahaffey
31. August 1964	Komödie Basel R.: Veit Relin, B.: Eugen Goll G.: Heinrich Trimbur
11. September 1964	Comedia Nacional del Uruguay im Teatro Solis Montevideo R.: Ruben Yanes, B.: Carlos Carvalho G.: Alberto Candeau
21. Oktober 1964	Play House – Euclid-77th Theatre Cleveland/Ohio. R.: K. Elmo Lowe, B.: Paul Rodgers, G.: Robert Snook
29. Oktober 1964	Arena Stage Washington R.: Edwin Sherin, B.: Robin Wagner G.: Dana Elcar
30. November 1964	Teatro de los Independientes (TLI) Buenos Aires R.: Onofre Lovero / Carlos L. Serrano B.: Gaston Breyer, G.: Onofre Lovero
Dezember (?) 1964	M. I. T. Kresge Little Theatre New York R.: Joseph Everingham, B.: John Rylaarsdam G.: Joseph Morian
9. Dezember 1964	Center Stage Baltimor R.: John Marley, B.: Frederika Merriman G.: Tom Toner
Januar (?) 1965	The Southwark Company. Philadelphia R.: Andre Gregory, B.: Wolfgang Roth G.: David Hurst
14. Februar 1965	Mecklenburgisches Staatstheater Schwerin R.: Gert Jurgons, B.: Kurt Froese G.: Heinrich Schmidt

20. Februar 1965	Stadttheater Bern R.: Michael Hampe, B.: Hans Kleber G.: Günther Gube
26. März 1965	Stadttheater Göteborg R.: Lars Engström, B.: Olle Montelius G.: Arne Nyberg
15. Mai 1965	Panstwowy Teatr Nowy Lodz R.: Tadeusz Minc, B.: Henri Poulain G.: Janusz Klosinski
15. Juni 1965	Domfestspiele Bad Gandersheim R.: Hans W. Loges, B.: Hermann Baumann G.: Hans Baur
21. September 1965	Abbey Theatre Dublin R.: Thomas McAnna, B.: Brian Collins / Thomas McAnna, G.: Michael o hAonghusa
7. Oktober 1965	Theatre Populaire des Flandres Lille R.: Cyril Robichez
Herbst 1965	Royal Lyceum Theatre Edinburgh R.: Peter Dews, B.: Abd'Elkader Farrah G.: Tom Fleming
12. Oktober 1965	Schiller-Theater Westberlin R.: Hansjörg Utzerath, B.: H. W. Lenneweit G.: Martin Held
4. Januar 1966	Städtisches Theater Mainz R.: Georg Aufenanger, B.: Bert Kistner G.: Werner Küffe
Januar (?) 1966	Charles Playhouse Boston/Mass. R.: Michael Murray, G.: Tony van Bridge
1966	Theater am Taganka-Platz Moskau R.: Juri Ljubimow G.: Wysotzki
3. März 1966	Staatstheater Kassel R.: Horst Antlitz, B.: Hans Ohland G.: Willy Leyrer
4. März 1966	Stadttheater Dortmund R.: Walter Czaschke, B.: Ekkehard Grübler G.: Fritz Brünske

20. März 1966	Städtische Bühnen Aachen R.: Bernd Bruns, B.: Erich Döhler G.: Hans Adalbert Kraus
1. Mai 1966	Goodman Theatre Chicago R.: Howard Da Silva, B.: James Maronek G.: Morris Carnovsky
13. Juni 1966 (?)	Landesbühne Niedersachsen-Mitte Verden/Aller R.: Hans W. Loges, B.: Herbert Baumann G.: Hein Reimann
16. Juni 1966	Theater der Stadt Bonn R.: Karl Pempelfort, B.: Ottowerner Meyer G.: Günther Gube
6. September 1966	Repertory Theatre Birmingham R.: Peter Dews, B. Pamela Howard G.: Edward Chapman
30. Oktober 1966	Burgtheater Wien R.: Kurt Meisel G.: Curd Jürgens

Rezensionen der deutschsprachigen Aufführungen[1]

Köln *[anonym]*
16. 4. 1955 Brechts ›Galilei‹ für Deutschland erstaufgeführt
SVZ-Sozialistische Volkszeitung, Frankfurt/M., 20. 4. 1955

ASV
Bertolt Brecht ›Galileo Galilei‹
Frankfurter Allgemeine, 20. 4. 1955

A. v. H.
Bühnen brechen nicht mit Brecht
Herner Zeitung, Herne, 26. 4. 1955

Be
Der schöpferische Widerruf
Kölner Stadtanzeiger, 18. 4. 1955

ds
Bert Brecht ante portas
Frankfurter Rundschau, 20. 4. 1955

Ebert Wolfgang
»Wo der Wissenschaftler sich einschüchtern läßt«
Der Kurier, Berlin, 20. 4. 1955

elu
Verteidigung der vermeintlichen Vernunft
Frankfurter Neue Presse, 19. 4. 1955

E. S.
Die Schizophrenie der Kritik
Deutsche Woche, München, 4. 5. 1955

E. S.
Die Masken des Bertolt Brecht
Deutsche Zeitung und Wirtschafts-Zeitung, Stuttgart, 14. 5. 1955

1 Bei den abgekürzten Verfassernamen war der erste Buchstabe der Abkürzung maßgebend für die Einordnung in die alphabetische Reihenfolge.

F. H.
Galilei-Drama von Brecht
Westfälische Zeitung, Bielefeld, 19. 4. 1955
F. S.
Entscheide dich, Wissenschaft!
Freies Volk, Düsseldorf, 19. 4. 1955
Gatter Ludwig
». . . auch wenn sie Geschenke bringen«
Kölnische Rundschau, 20. 4. 1955
G. S.
Und sie bewegt sich doch . . .
Deutsche Volkszeitung, Düsseldorf, 16. 4. 1955
Jacobi, Johannes
Brechts Galilei-Schauspiel in Köln
Allgemeine Zeitung, Mainz, 20. 4. 1955
Jacobi, Johannes
Episches Theater
Die Zeit, Hamburg, 21. 4. 1955
Jeremias, Brigitte
Galilei widerruft im heiligen Köln
Der Mittag, Düsseldorf, 18. 4. 1955
Karsch, Walther
Lehrstück über Wissenschaft und Glaube
Der Tagesspiegel, Berlin, 19. 4. 1955
Kramberg, K. H.
Ist Brecht ein Verführer?
Süddeutsche Zeitung, München, 21. 4. 1955
lg.
Der ewige Widerruf
Generalanzeiger, Wuppertal, 19. 4. 1955
Luft, Friedrich
Bert Brecht: Wehe dem Volk, das Helden braucht
Die Welt, Essen, 20. 4. 1955
Luyken Sonja
Und sie bewegt sich doch! . . .
Mannheimer Morgen, 19. 4. 1955

P. I.
Ein neuer Brecht und der alte Schwejk
Ostholsteinische Kreis-Rundschau, Oldenburg, 27. 4. 1955
Poerschke, K.
Galilei stirbt nicht auf dem Scheiterhaufen
Neue Ruhr Zeitung, Moers, 19. 4. 1955
Quadflieg, Eberhard
Brecht wider Brecht
Aachener Nachrichten, 19. 4. 1955
Scheer, Maximilian
Brechts ›Galilei‹ in den Kölner Kammerspielen
Tägliche Rundschau, Berlin, 26. 5. 1955
Schön, Gerhard
Schreibt er aus »Sinnlichkeit«?
Frankfurter Nachtausgabe, 19. 4. 1955
Schön, Gerhard
Von der Unruhe des Gehirns
Westfälische Nachrichten, Münster, 24. 4. 1955
Semmer, Gerd
Die Wissenschaft hatte die Marktplätze erreicht
Deutsche Volkszeitung, Düsseldorf, 23. 4. 1955
Thiem, Willy H.
Brechts ›Galileo Galilei‹ entdeckte manche gefährliche Wahrheit
Abendpost, Frankfurt/M., 18. 4. 1955
Trouwborst, Rolf
Er hatte sein Leben geliebt
Hessische Nachrichten, Kassel, 20. 4. 1955
Trouwborst, Rolf
Das Universum als dialektischer Ort
Badische Neueste Nachrichten, Karlsruhe, 28. 4. 1955

Berlin *Anders, Achim*
15. 1. 1957 Despotismus zerstört menschliche Vernunft
Die Südpost, München, 25. 1. 1957
A. T.
Brecht in der Maske Galileis?
Christ und Welt, Stuttgart, 14. 2. 1957

Bronnen, Arnolt
Brecht richtet Galilei
Berliner Zeitung, 17. 1. 1957
Chabrol, Jean-Pierre
Bertolt Brechts ›Galilei‹
Berliner Zeitung, 15. 2. 1956
D. B.
Leben des Galilei
Die Frau von heute, Berlin, 1. 2. 1957
Döderlin, Karl Reinhold
Am Anfang der wissenschaftlichen Epoche
Neue Zeit, Berlin, 22. 1. 1957
Dreßler-Andres, Horst
Galilei und die sozialistische Verantwortung
Sächsische Zeitung, Dresden, 24. 1. 1957
Erpenbeck, Fritz
Verurteilung oder Mitleid? Einige Bemerkungen zur Berliner Aufführung von ›Leben des Galilei‹
Theater der Zeit, Berlin, 12. Jg. 1957, H. 3, S. 8–13
Eylau, H. U.
›Leben des Galilei‹. Zur neuesten Brecht-Aufführung beim Berliner Ensemble
Deutsche Lehrerzeitung, Berlin, 4. Jg. 1957, Nr. 5
Funke, Christoph
Das neue Zeitalter der Wissenschaft
Der Morgen, Berlin, 18. 1. 1957
Gollwitzer Helmut
Der Himmel kann nicht abgetragen werden
Tagesspiegel, Berlin, 25. 12. 1957
Harnisch Rudolf
Leben und Weisheit des Galilei
Wochenpost, Berlin, 26. 1. 1957
Hofmann, Heinz
Triumph des Lebendigen
Nationalzeitung, Berlin, 18. 1. 1957
H. U. K.
Brecht oder: Der Mißbrauch der Macht
Basler Nachrichten, 1. 2. 1957

Jacobi, Johannes
Brecht authentisch interpretiert und diskutiert
Darmstädter Tagblatt, 1. 11. 1958
Jhering, Herbert
Und es bewegt sich doch!
Sonntag, Berlin 1957, Nr. 4
Keisch, Henryk
Bertolt Brechts ›Leben des Galilei‹
Neues Deutschland, 29. 1. 1957
Kersten, Hans Ulrich
Bert Brecht sieht ins kalte Licht
Münchner Merkur, 26. 1. 1957
Kienzl, Florian
Brechts Vermächtnis
Stuttgarter Zeitung, 19. 1. 1957
Kusche, Lothar
Brechts Vermächtnis: Es lebe die Vernunft!
Die Weltbühne 1957, Nr. 6
Lange- Mechthild
Das ›Leben des Galilei‹
Hamburger Anzeiger, 15. 2. 1957
Lietzmann, Sabina
Wenn die Wahrheit zum Angriff geht ...
Frankfurter Allgemeine,
18. 1. 1957
Luft, Friedrich
Brechts ›Galileo Galilei‹: von beklemmender
Aktualität
Die Welt, Essen, 17. 1. 1957
Luft, Friedrich
Bert Brechts Galilei
Süddeutsche Zeitung, München, 24. 1. 1957
Mittenzwei, Werner
Die Schuld des Galilei
Fahrt frei, Berlin, 5. 2. 1957
Omansen, Willibald
Der Geist unter der Knute
Westdeutsche Allgemeine, Essen, 18. 1. 1957

p. m.
Des guten Zweiflers Ironie
Die Zeit, Hamburg, 7. 2. 1957
v. Raussendorff, Klaus
Die Erbsünde der Naturwissenschaften
Die Andere Zeitung, Hamburg, 31. 1. 1957
Rohde, Hedwig
Brechts ›Galilei‹ in Ostberlin
Rhein-Neckar-Zeitung, Heidelberg, 21. 2. 1957
Schimmig, Wolfgang
Erich Engel inszenierte Brechts ›Galilei‹
Darmstädter Tagblatt, 22. 1. 1957
Schimmig, Wolfgang
Die sanfte Gewalt der Vernunft
Frankfurter Neue Presse, 28. 1. 1957
Schnell, R. W.
Brechts ›Leben des Galilei‹
Deutsche Woche, München, 6. 2. 1957
schw.
›Leben des Galilei‹
Berlins Modenblatt, April, H. 4, 1957
Schwirten, Ethel
Der liberale Gedanke bei Bert Brecht
Westfalen-Blatt, Bielefeld, 24. 1. 1957
Stahnke, Günter
Leben des Galilei
Junge Welt, Berlin, 18. 1. 1957
Th.
Wissenschaft am Wendepunkt
Sächsisches Tagblatt, Dresden, 27. 1. 1957
upred
›Leben des Galilei‹
Die Tat, Fulda, 23. 3. 1957
Wintersheim, Walter
›Das Leben des Galilei‹
Deutsche Volkszeitung, Düsseldorf, 2. 2. 1957

	x.
	Theaterbrief aus Ost-Berlin / Brecht-Ensemble spielt ›Galilei‹
	Welt der Arbeit, Köln, 1. 2. 1957
Norddeutscher	*Bergfelde, Robert von*
Rundfunk	Galilei von heute wäre anders
Hamburg	Westfälische Zeitung, Bielefeld, 16. 1. 1962
(Fernsehen)	*Bouché Bert*
11. 1. 1962	›Galilei‹ im Fernsehen
	Die Tat, Fulda, 20. 1. 1962
	FSD
	Bert Brechts ›Leben des Galilei‹
	Die Kirche, 21. 1. 1962
	HLE
	Die Wahrheit blieb unter dem Rock
	Stuttgarter Nachrichten, 13. 1. 1962
	Holm
	Bertolt Brechts ›Galileo Galilei‹
	Die Andere Zeitung, Hamburg, 25. 1. 1962
	ja
	Die Antwort blieb aus / Zu der Fernseh-Inszenierung ›Leben des Galilei‹ von Bertolt Brecht
	Das Wort, 11. 3. 1962
	Kaiser, Joachim
	Brechts Galileo Galilei
	Süddeutsche Zeitung, 14. 1. 1962
	Karasek, Hellmuth
	». . . bewegt sich doch!«
	Stuttgarter Zeitung, 13. 1. 1962
	Lange, Hellmut A.
	Bert Brecht im Fernsehen
	Offenburger Tageblatt, 16. 1. 1962
	Lange, Helmut A.
	Das Leben des Galileo Galilei
	Augsburger Allgemeine, 19. 1. 1962
	Linnerz, Heinz
	Galilei – Physiker und Prolet dazu
	Echo der Zeit, Recklinghausen, 21. 1. 1962

mo
»Im Anfang liegt das Ende ...«
Badische Neueste Nachrichten, Karlsruhe, 18. 1. 1962
Moes, Gisela
»Ich habe meinen Beruf verraten«
Westdeutsche Allgemeine, Essen, 12. 8. 1961
M. P.
Brecht auf dem Bildschirm
Deutsche Woche, München, 29. 1. 1962
Schmieding, Walther
Brecht und die Erbsünde der Naturwissenschaften
Ruhr-Nachrichten, Essener Tageblatt, 13. 1. 1962
Semmer, Gerd
Verfremdung auf dem Bildschirm?
Deutsche Woche, München, 12. 2. 1962
Sierig, Harmut
Brecht – von nahem gesehen
Die Kirche, 21. 1. 1962
Telephil II
Sternstunde des Fernsehens
Hamburger Echo, 12. 1. 1962
van Rijn, Ric
Galilei oder die nackte Wirklichkeit
Allgemeine Zeitung, Mainz, 14. 1. 1962
v
Galilei und Brecht
Badische Zeitung, 13. 1. 1962
W. B.
Und dennoch: Bertolt Brecht
Erlanger Tagblatt, 13. Jan. 1962
Werremeier, Elisabeth
Das Leben des Galilei – ein Fernsehdrama
Neue Ruhr-Zeitung, Essen, 26. 8. 1961
Ziegler, Karl-Kurt
Die Wahrheit unter dem Fallbeil
Westfälische Rundschau, 13. 1. 1962

War Galilei ein Verräter?
Freie Presse, Bielefeld, 24. 5. 1962
›Leben des Galilei‹
Göttinger Tageblatt, 19. 6. 1962
›Das Leben des Galilei‹
Göttinger Presse, 19. 6. 1962
Bert Brecht und kein Ende ...
Reutlinger General-Anzeiger, 4. 3. 1963

Bemerkungen zu diesem Band

In diesem Band sind wichtige Materialien zusammengestellt, die das Verständnis des Schauspiels »Leben des Galilei« erleichtern sollen. Es schien notwendig, in erster Linie die zahlreichen Bemerkungen Brechts und seine Notate anläßlich der kalifornischen Inszenierung des Stücks, die bisher verstreut oder noch nicht veröffentlicht wurden, in den Band aufzunehmen. Unter den Aufsätzen über das Stück wurden solche ausgewählt, die von der detaillierten Kenntnis der Absichten Brechts ausgehen. Wichtig für die Forschung ist gleichfalls eine bibliographische Zusammenstellung der Aufsätze, wichtiger Rezensionen und schließlich der einiger Aufführungen. Diese Listen, die nach den Notierungen und Sammlungen des Bertolt-Brecht-Archivs aufgestellt wurden, mögen im einzelnen noch unvollkommen sein. Herausgeber und Verlag sind für jeden ergänzenden beziehungsweise korrigierenden Hinweis dankbar.

S. 7. Die *Anmerkungen zu »Leben des Galilei«* konnten von Brecht nicht mehr für die Veröffentlichung zusammengestellt und durchgesehen werden. Sie sind hier in der Form abgedruckt, wie sie in die *Stücke*, Band VIII, S. 190–208, aufgenommen wurden. Gekürzt wurden die Anmerkungen, die zur Beschreibung des Laughtonschen Galilei gehören und dort zu finden sind. Ein Teil dieser Anmerkungen wurde zuerst in den »Studien«, Nr. 2, Beilage zu »Theater der Zeit«, Berlin, Heft 11, 1956 gedruckt.

S. 16. Der Komplex *Entwürfe für ein Vorwort zu »Leben des Galilei«* umfaßt Beiträge, die Brecht größtenteils 1938/39 geschrieben hat. Die einzelnen Beiträge wurden vom Herausgeber in dieser Anordnung zusammengestellt.

S. 21. Der Beitrag über das *Verhalten der Physiker* stammt aus den philosophischen Schriften Brechts. Die Bemerkungen über die *Bedrohung der Menschheit durch Erfindungen und Entdeckungen* sind dem Vortrag Brechts »Über experimentelles Theater« entnommen, den er während der Arbeit am »Galilei« schrieb und am 4. Mai 1939 vor Mitgliedern der Studentenbühne Stockholm hielt. Brecht überarbeitete den Text für eine Wiederholung des Vortrags im November 1940 im Studententheater Helsinki. – »Über experimentelles Theater« wurde zuerst in den »Studien« Nr. 12, Beilage zu »Theater der Zeit« 1959, H. 4, abgedruckt.

S. 27. *Der neue Physikertyp.* Diese Beschreibung Galileis teilte Brecht im März 1941 in einem Brief dem Maler Hans Tombrock mit.

S. 29. Die *Bemerkungen zu einzelnen Szenen* stammen aus verschiedenen Arbeitsphasen, die Anmerkungen zur 14. Szene des Stücks wurden größtenteils während der Proben am Berliner Ensemble geschrieben.

S. 38. *Aufbau einer Rolle / Laughtons Galilei* wurde während und nach der Arbeit an der amerikanischen Aufführung des »Galileo« geschrieben und ist zusammen mit zahlreichen Aufführungsfotos in dem Modellbuch »Aufbau einer Rolle / Laughtons Galilei«, Berlin 1956, gedruckt. Das Gedicht »Brief an den Schauspieler Charles Laughton, die Arbeit an dem Stück ›Leben des Galilei‹ betreffend« wurde für diese Ausgabe hinzugefügt.

S. 76. Die *Nachträge zu: Aufbau einer Rolle* wurden von Brecht nicht in das Modellbuch aufgenommen.

S. 79. Das *Kleine Organon für das Theater,* geschrieben 1948, wurde zuerst veröffentlicht in »Sinn und Form«, 1. Sonderheft Bertolt Brecht, Berlin, 1949.

S. 86. Die Briefe *Über den Kardinal Inquisitor, den Ludovico und den Hofmarschall* schrieb Brecht im Dezember 1955 an Schauspieler des Berliner Ensembles als Begründung, warum er bestimmte Rollenwünsche nicht berücksichtigen konnte.

S. 91. Käthe Rülickes *Bemerkungen zur Schlußszene* wurden 1956 geschrieben und sind in »Sinn und Form«, 2. Sonderheft Bertolt Brecht, Berlin, 11. Jg. 1957, H. 1–3, S. 269–321 veröffentlicht. Der Aufsatz wurde für diese Ausgabe leicht gekürzt, besonders um Brecht-Zitate, die an anderen Stellen des Bandes abgedruckt sind.

S. 153. Ernst Schumachers Aufsatz *Form und Einfühlung* ist ein Kapitel des bisher unveröffentlichten Buches »Drama und Geschichte, Bertolt Brechts ›Leben des Galilei‹«. Der Aufsatz wurde für diese Ausgabe gekürzt. In vollständigem Wortlaut ist er in »Sinn und Form«, Berlin 12. Jg. 1960, H. 4, S. 510–530 abgedruckt.

S. 180. Die *Aufführungsliste* nennt die im Bertolt-Brecht-Archiv bis Oktober 1966 registrierten Inszenierungen. Aufführungen mit ungenauen oder zu unvollständigen Angaben wurden in die Liste nicht aufgenommen. – In der Bibliographie der *Rezensionen von Aufführungen* wurden nur einige wichtige Aufführungen berücksichtigt.

Inhalt

Die in eckige Klammern gesetzten Überschriften stammen nicht von Brecht, sondern sind vom Herausgeber nachträglich hinzugefügt.

Gesamtausgabe der Werke Bertolt Brechts im Suhrkamp Verlag

Stücke

Erste Stücke 1922–1926

1 Baal · Trommeln in der Nacht · Im Dickicht der Städte

2 Leben Eduards des Zweiten von England (nach Marlowe) · Mann ist Mann

Stücke für das Theater am Schiffbauerdamm 1927–1933

3 Die Dreigroschenoper · Aufstieg und Fall der Stadt Mahagonny · Das Badener Lehrstück vom Einverständnis

4 Die heilige Johanna der Schlachthöfe · Der Jasager – der Neinsager · Die Maßnahme

5 Die Mutter · Die Ausnahme und die Regel · Die Horatier und die Kuratier

Stücke aus dem Exil 1933–1945

6 Die Rundköpfe und die Spitzköpfe · Furcht und Elend des Dritten Reiches

7 Die Gewehre der Frau Carrar · Mutter Courage und ihre Kinder · Das Verhör des Lukullus

8 Leben des Galilei · Der gute Mensch von Sezuan

9 Herr Puntila und sein Knecht Matti · Der aufhaltsame Aufstieg des Arturo Ui · Die Gesichte der Simone Machard

10 Schweyk im zweiten Weltkrieg · Der kaukasische Kreidekreis · Die Tage der Commune

Bearbeitungen

11 Die Antigone des Sophokles · Der Hofmeister (nach Lenz) · Coriolanus (nach Shakespeare)

12 Der Prozeß der Jeanne d'Arc zu Rouen 1431 (nach Anna Seghers) · Don Juan (nach Molière) · Pauken und Trompeten (nach Farquhar)

Einakter und Stücke aus dem Nachlaß

13 Die Kleinbürgerhochzeit · Der Bettler oder Der tote Hund · Er treibt den Teufel aus · Lux in tenebris · Der Fischzug · Dansen · Was kostet das Eisen?

14 Turandot oder Der Kongreß der Weißwäscher

Schriften zum Theater

1 1918–1933 Augsburger Theaterkritiken · Über das alte Theater · Der Weg zum zeitgenössischen Theater
2 1918–1933 Aus Notizbüchern · Anmerkungen zu den Stücken · Über Film · Über Kritik
3 1933–1947 Über eine nichtaristokratische Dramatik · Neue Technik der Schauspielkunst · Der Bühnenbau des epischen Theaters · Über Bühnen- und Filmmusik
4 1933–1947 Über den Beruf des Schauspielers · Anmerkungen zu den Stücken · Der Galilei des Laughton
5 1937–1951 Der Messingkauf · Übungsstücke für Schauspieler · Gedichte aus dem Messingkauf
6 1948–1956 Antigonemodell 1948 · Couragemodell 1949 · Über die Benutzung von Modellen · Neue Technik der Schauspielkunst · Anmerkungen zu Stücken und Aufführungen
7 1948–1956 Kleines Organon für das Theater · Katzgraben-Notate · Stanislawski-Studien · Dialektik auf dem Theater

Gedichte

1 1918–1929 Hauspostille · Aus einem Lesebuch für Städtebewohner · Geschichten aus der Revolution
2 1913–1939 Unveröffentlichte und nicht in Sammlungen enthaltene Gedichte
3 1930–1933 Gedichte, Lieder, Chöre · Die drei Soldaten · Die sieben Todsünden der Kleinbürger
4 1933–1941 Svendborger Gedichte · Gedichte aus dem Messingkauf · Studien · Chinesische Gedichte
5 1934–1941 Unveröffentlichte und nicht in Sammlungen enthaltene Gedichte · Gedichte und Lieder aus Stücken
6 1941–1947 Gedichte im Exil · In Sammlungen nicht enthaltene Gedichte · Gedichte und Lieder aus Stücken
7 1947–1956 Buckower Elegien · In Sammlungen nicht enthaltene Gedichte · Gedichte und Lieder aus letzten Stücken
8 1913–1956 Nachträge zu den Gedichten
9 1913–1956 Nachträge zu den Gedichten · Gedichte und Lieder aus Stücken und anderen Arbeiten · Gedichte über Stücke · Fragmente

Prosa

1 1913–1948 Geschichten 1
Unveröffentlichte und nicht in Sammlungen enthaltene Geschichten · Eulenspiegelgeschichten

2 1930–1956 Geschichten 2
Kalendergeschichten · Geschichten vom Herrn Keuner · Flüchtlingsgespräche

3 1933–1934 Dreigroschenroman

4 1938–1939 Die Geschäfte des Herrn Julius Caesar

5 1934–1956 Me-ti. Buch der Wendungen

Schriften zur Literatur und Kunst

1 1920–1932 Aus Notizbüchern · Über alte und neue Kunst · Radiotheorie · Der Dreigroschenprozeß

2 1934–1941 Kunst und Politik · Bemerkungen zur bildenden Kunst · Über Realismus

3 1934–1956 Anmerkungen zur literarischen Arbeit · Aufsätze zur Literatur · Die Künste in der Umwälzung

Außerhalb der Gesamtausgabe erschienen im Suhrkamp Verlag

Versuche

1 Der Ozeanflug · Radiotheorie · Geschichten vom Herrn Keuner · Fatzer, 3

2 Aufstieg und Fall der Stadt Mahagonny · Über die Oper · Aus dem Lesebuch für Städtebewohner · Das Badener Lehrstück

3 Die Dreigroschenoper · Der Dreigroschenfilm · Der Dreigroschenprozeß

4 Der Jasager und der Neinsager · Die Maßnahme

5 Die heilige Johanna der Schlachthöfe · Geschichten vom Herrn Keuner

6 Die drei Soldaten (mit Zeichnungen von George Grosz)

7 Die Mutter (nach Gorki) · Geschichten aus der Revolution

8 Die Spitzköpfe und die Rundköpfe

9 Mutter Courage und ihre Kinder · Fünf Schwierigkeiten beim Schreiben der Wahrheit

10 Herr Puntila und sein Knecht Matti · Chinesische Gedichte · Anmerkungen zum Volksstück · Die Straßenszene · Die Ausnahme und die Regel

11 Der Hofmeister · Studien · Neue Technik der Schauspielkunst · Übungsstücke für Schauspieler · Das Verhör des Lukullus

12 Der gute Mensch von Sezuan · Kleines Organon für das Theater · Über reimlose Lyrik mit regelmäßigen Rhythmen · Geschichten vom Herrn Keuner

13 Der kaukasische Kreidekreis · Weite und Vielfalt der realistischen Schreibweise · Buckower Elegien

14 Leben des Galilei · Gedichte aus dem Messingkauf · Die Horatier und die Kuratier

15 Die Tage der Commune · Die Dialektik auf dem Theater · Zu ›Leben des Galilei‹ · Drei Reden · Zwei Briefe

Bibliothek Suhrkamp

Bertolt Brechts Hauspostille · Bertolt Brechts Gedichte und Lieder · Schriften zum Theater · Flüchtlingsgespräche · Geschichten · Turandot · Schriften zur Politik · Die Bibel

edition suhrkamp

Leben des Galilei · Gedichte und Lieder aus Stücken · Aufstieg und Fall der Stadt Mahagonny · Der kaukasische Kreidekreis · Materialien zu Brechts ›Leben des Galilei‹ · Mutter Courage und ihre Kinder · Materialien zu Brechts ›Mutter Courage und ihre Kinder‹ · Der gute Mensch von Sezuan · Über Lyrik · Ausgewählte Gedichte · Herr Puntila und sein Knecht Matti · Die heilige Johanna der Schlachthöfe · Schweyk im zweiten Weltkrieg · Die Antigone des Sophokles/Materialien zur ›Antigone‹ · Der aufhaltsame Aufstieg des Arturo Ui · Materialien zu Brechts ›Der kaukasische Kreidekreis‹ · Die Tage der Commune · Baal. Drei Fassungen · Leben Eduards des Zweiten von England. Vorlage, Texte und Materialien · Im Dickicht der Städte. Fassungen und Materialien · Materialien zu ›Der gute Mensch von Sezuan‹ · Baal. Der böse Baal der asoziale. Texte, Varianten, Materialien · Die Dreigroschenoper · Mann ist Mann · Materialien zu Bertolt Brechts ›Die Mutter‹ · Der Brotladen. Ein Stückfragment. Die Bühnenfassung und Texte aus dem Fragment · Kuhle Wampe. Protokoll des Films und Materialien · Die Gesichte der Simone Machard · Furcht und Elend des Dritten Reiches · Über Realismus · Über den Beruf des Schauspielers · Über Politik und Kunst

Bertolt Brechts Dreigroschenoper mit Schallplatte ›Bertolt Brecht singt‹
Theaterarbeit. Sechs Aufführungen des Berliner Ensembles
Die sieben Todsünden der Kleinbürger

Bertolt Brecht Gesammelte Werke

Werkausgabe in 20 Bänden
Herausgegeben vom Suhrkamp Verlag in Zusammenarbeit mit Elisabeth Hauptmann. Neu durchgesehene und neu geordnete Ausgabe. Leinenkaschiert. Kassette.

Aufbau der Bände:
Bände 1–7 Stücke, Bearbeitungen, Einakter, Fragmente. 8–10 Gedichte. 11–14 Geschichten, Romane, *Me-ti, Tui, Flüchtlingsgespräche.* 15–17 Schriften 1 (zum Theater). 18–20 Schriften 2 (zur Literatur, Kunst, Politik und Gesellschaft).

Dünndruckausgabe in 8 Bänden

Herausgegeben vom Suhrkamp Verlag in Zusammenarbeit mit Elisabeth Hauptmann. Neu durchgesehene und neu geordnete Ausgabe. Leinen und Leder. Kassette.

Aufbau der Bände:
Bände 1–3 Stücke, Bearbeitungen, Einakter, Fragmente. 4 Gedichte. 5–6 Geschichten, Romane, *Me-ti, Tui, Flüchtlingsgespräche.* 7–8 Schriften (zum Theater, zur Literatur, Kunst, Politik und Gesellschaft).

Beide Ausgaben präsentieren das Gesamtwerk Brechts neu und handlich. Alle Texte wurden neu durchgesehen: Die Anmerkungen enthalten werkgeschichtliche Fakten und die Änderungen gegenüber früheren Ausgaben. Zum ersten Mal werden veröffentlicht: Der *Tui*-Roman, *Turandot oder Der Kongreß der Weißwäscher,* acht Fragmente, etwa 250 Seiten Schriften zur Politik und Gesellschaft. Die Texte beider Ausgaben sind identisch. Die Bände weichen voneinander ab in der Einteilung, sowie im Format, in der Ausstattung und im Preis.

Bibliothek Suhrkamp

232 Walter Benjamin, Über Literatur
233 Alexander Mitscherlich, Die Idee des Friedens und die menschliche Aggressivität
234 Ernst Bloch, Die Kunst, Schiller zu sprechen und andere literarische Aufsätze
235 Marcel Jouhandeau, Pariser Bilder
236 Theodor W. Adorno, Minima Moralia
237 Andor Endre Gelléri, B. und andere Prosa
238 Wladimir W. Majakowskij, Liebesbriefe an Lilja
239 Marcel Proust, Briefwechsel mit der Mutter
240 James Joyce, Giacomo Joyce
241 Djuna Barnes, Antiphon
242 Bertolt Brecht, Schriften zur Politik
243 Thomas Mann, Politische Essays
244 Hermann Hesse, Politische Betrachtungen
245 Hermann Broch, Gedanken zur Politik
246 Alexander Mitscherlich, Versuch, die Welt besser zu bestehen. Fünf Plädoyers in Sachen Psychoanalyse
247 Ödön von Horváth, Geschichten aus dem Wiener Wald
249 Wsewolod Iwanow, Panzerzug 14–69. *Erzählung*
250 Ludwig Wittgenstein, Über Gewißheit
251 Walter Benjamin, Berliner Chronik
252 Hans Kudszus, Jaworte, Neinworte. *Aphorismen*
253 James Joyce, Anna Livia Plurabelle
254 Samuel Beckett, Residua. *Neue Prosadichtungen in drei Sprachen*
255 Peter Weiss, Trotzki im Exil. *Stück in zwei Akten*
256 Bertolt Brecht, Die Bibel und andere frühe Einakter
257 Walter Benjamin, Charles Baudelaire: Gedichte
258 Konrad Bayer, Der Kopf des Vitus Bering
260 Theodor W. Adorno, Über Walter Benjamin
261 Max Frisch, Tagebuch 1946–1949
262 Karl Krolow, Nichts weiter als Leben. *Neue Gedichte*
263 Gershom Scholem, Judaica 2. *Essays*
264 Paul Celan, Ausgewählte Gedichte
265 Jürgen Habermas, Philosophisch-politische Profile
266 Wiesław Brudziński, Die rote Katz. *Aphorismen*
267 Marcel Proust, Eine Liebe zu Swann
269 H. C. Artmann, Von denen Husaren
270 Hans Erich Nossack, Dem unbekannten Sieger. *Roman*

271 Jean-Pierre Jouve, Paulina 1880. *Roman*
272 Thomas Bernhard, Midland in Stilfs. *Erzählungen*
273 Yasushi Inoue, Der Stierkampf. *Roman*
274 Juri Kasakow, Larifari. *Erzählungen*
275 Robert Minder, Wozu Literatur? *Reden und Essays*
276 Nelly Sachs, Verzauberung. *Szenische Dichtungen*
277 Samuel Beckett, Premier amour. Erste Liebe
278 Gertrude Stein, Erzählen. *Vier Reden*
279 Ezra Pound, motz el son – Worte und Weise. *Essays*
280 James Joyce, Briefe an Nora
281 Wolfgang Hildesheimer, Zeiten in Cornwall
282 Andrej Platanov, Die Baugrube. *Erzählung*
283 Jaroslav Hašek, Partei des maßvollen Fortschritts. *Satiren*
284 Hans Mayer, Brecht in der Geschichte. *Drei Versuche*
285 Ödön von Horváth, Von Spießern, Kleinbürgern und Angestellten
286 André Maurois, Auf den Spuren von Marcel Proust
287 Bertolt Brecht, Über Klassiker. *Betrachtungen*
288 Jiří Kolář, Das sprechende Bild
289 Alfred Döblin, Die beiden Freundinnen und ihr Giftmord
290 Alexander Block, Der Sturz des Zarenreichs
292 Ludwig Hohl, Nächtlicher Weg. *Erzählungen*
293 Djuna Barnes, Nachtgewächs. *Roman*
294 Paul Valéry, Windstriche
295 Bernard Shaw, Die heilige Johanna
296 Hermann Kasack, Die Stadt hinter dem Strom
297 Peter Weiss, Hölderlin. *Stück in zwei Akten*
298 Henri Michaux, Turbulenz im Unendlichen
299 Boris Pasternak, Initialen der Leidenschaft. *Gedichte*
300 Hermann Hesse, Mein Glaube. *Eine Dokumentation*
301 Italo Svevo, Ein Mann wird älter
302 Siegfried Kracauer, Über die Freundschaft. *Essay*
303 Samuel Beckett, Le dépeupleur. Der Verwaiser
305 Ramón José Sender, Der König und die Königin
306 Hermann Broch, James Joyce und die Gegenwart. *Essay*
307 Sigmund Freud, Briefe
309 Bernard Shaw, Handbuch des Revolutionärs
310 Adolf Nowaczyński, Der schwarze Kauz
311 Donald Barthelme, City Life
312 Günter Eich, Gesammelte Maulwürfe
313 James Joyce, Kritische Schriften
314 Oscar Wilde, Das Bildnis des Dorian Gray
315 Tschingis Aitmatow, Dshamilja
316 Ödön von Horváth, Kasimir und Karoline

edition suhrkamp

465 Bertolt Brecht, Über Politik auf dem Theater
466 Dietlind Eckensberger, Sozialisationsbedingungen der öffentlichen Erziehung
467 Doris von Freyberg / Thomas von Freyberg, Zur Kritik der Sexualerziehung
468 Walter Benjamin, Drei Hörmodelle
469 Theodor W. Adorno, Kritik. Kleine Schriften zur Gesellschaft
470 Gert Loschütz, Gegenstände. *Gedichte und Prosa*
472 Wlodzimierz Brus, Funktionsprobleme der sozialistischen Wirtschaft
473 Franz Kroetz, Heimarbeit / Hartnäckig / Männersache. *Drei Stücke*
474 Vlado Kristl, Sekundenfilme
476 Neues Hörspiel. Essays, Analysen, Gespräche. Herausgegeben von Klaus Schöning
477 Tom Hayden, Der Prozeß von Chicago
478 Kritische Friedensforschung. Herausgegeben von Dieter Senghaas
479 Erika Runge, Reise nach Rostock, DDR
480 Joachim Hirsch / Stephan Leibfried, Materialien zur Wissenschafts- und Bildungspolitik
481 Jürgen Habermas, Zur Logik der Sozialwissenschaften. Materialien
482 Noam Chomsky, Die Verantwortlichkeit der Intellektuellen
483 Hellmut Becker, Bildungsforschung und Bildungsplanung
484 Heine Schoof, Erklärung
485 Bertolt Brecht, Über Realismus
487 Eberhard Schmidt, Ordnungsfaktor oder Gegenmacht. Die politische Rolle der Gewerkschaften
488 Über Wolfgang Hildesheimer. Herausgegeben von Dierk Rodewald
489 Hans Günter Michelsen, Drei Hörspiele
490 Bertolt Brecht, Trommeln in der Nacht. *Komödie*
491 Eva Hesse, Beckett. Eliot. Pound. *Drei Textanalysen*
492 Gunnar Myrdal, Aufsätze und Reden
494 Orlando Araujo, Venezuela
495 Über Paul Celan. Herausgegeben von Dietlind Meinecke
496 Walter Schäfer / Wolfgang Edelstein / Gerold Becker, Probleme der Schule im gesellschaftlichen Wandel. Das Beispiel Odenwaldschule
497 David Cooper, Psychiatrie und Anti-Psychiatrie
498 Dieter Senghaas, Rüstung und Militarismus
499 Ronald D. Laing / H. Phillipson / R. A. Lee, Interpersonelle Wahrnehmung

Alphabetisches Verzeichnis der edition suhrkamp